下一站：
幸福

女孩的必修12堂課

吳靜雅 著

序 祝願每個女孩都能夢想成真

在這個世界上，任何一個人都不可以遠離現實而生存。對於愛做夢的二十幾歲女孩們，這一點無論如何強調都不過分。

要知道，你不可能總是沉溺在白日夢中幻想白馬王子的到來。時間是殘酷的，它可以讓一個七八歲的抹鼻涕的小女孩變成魅力十足的窈窕熟女，但是，時間還會讓二十幾歲的亮麗美少女轉眼變成四十幾歲的老婦，皺紋叢生的容顏想必是叫人慘不忍睹吧？

所以，當你青春年少時，千萬不要自恃青春無限好而忽視美人遲暮的一天。你需要努力學習書中的人生經驗，讓自己更智慧聰明起來，否則到了老的那一天，你就真的什麼都不剩下了！

二十幾歲，正是女孩人生最美麗的交叉口，也許你完成了學業，初涉了愛情，開始去工作，開始打拼自己的事業；開始去找一個讓自己幸福的男人，準備走向婚姻殿堂。這個時候，你的腦海裏構想以後的人生應該是什麼樣子。你渴望生活能夠讓自己成爲一個好命的女人。

事實又將如何呢？二十幾歲女孩們所面對的世界會有很多不美好的地方，這個時候你或許會感到失落、絕望，但這是完全沒必要的。

對於一個真正有智慧、有經驗的女孩來說，這一切都是自然而然的，沒有任何不合理的地方。

因爲處於這個階段的女孩們，尋找幸福的經驗是很少的，難免在遇到一些小問題時手足無措，這就需要年輕的你用智慧去解決。而這本書將提供給你的就是這樣一些智慧。

一個擁有智慧的女孩，她或許並不漂亮，但是她可以用氣質和善良征服別人；她或許並不是很有錢，但是她可以高貴大方的處事。

當然，她也可能相貌漂亮、身材惹火，面臨很多優秀的男孩子，當然其中也有一些魚目混珠的垃圾之徒，但是她不會迷失自己，她會用自己的「火眼金睛」找到自己的王子，而不是讓一個癩蛤蟆「得逞」……

也許你會說，這些不過是一些小伎倆罷了，稱不上什麼大智大謀。是的，這些也許都是一些「小手段」、「小聰明」，但是生活不就是一些小細節組織起來的嗎？

柴米油鹽醬醋茶，哪個也算不上什麼驚天動地，也不需要什麼驚天動地的大智大謀。但是我們能一天缺少它們嗎？這些經驗智慧更是如此，它們看似微不足道，但是對

女孩的人生卻有著四兩撥千斤的神奇力量。

年輕女孩們，你一定要明白：到了這個年齡，你已經不需要浪漫的童話故事，而是童話故事背後的現實；你不再需要某個男人在自己耳邊的海誓山盟，只需要他從心底的對自己的呵護，給予自己的安全。你也不需要爲了某個人而放棄自己的一生，就算是流行歌曲和電視劇裏總會有這樣一些美麗而痛苦的女人，但是你最好不要讓自己成爲這樣的女人。

其實，女孩的一生所追求的不過是一個幸福的家庭，一個愛自己的老公，一份讓自己才智可以發揮的工作……

這一切，都在書中進行了詳細的講述。這不是一本華而不實的書，更不是晦澀難懂的天書，而是一本以生動的語言娓娓道來的智慧之書。

它所透露的許多「玄機」，確實是來源於聰明女人的心血教訓，可以說，這是一本包含眾多姐妹的血淚之書。

它告訴億萬女孩們將如何達到自己簡單的夢想，並祝願每個女孩子都可以夢想成真！

CONTENTS

CHAPTER. 1 年輕女孩們，讓自己活得現實一點……013

1 拋棄頭腦中一切天真的想法吧
2 打破現實中阻礙你好命的「白日夢」
3 好女孩也要品牌經營
4 一步錯步步錯，二十幾歲就要思考「怎麼活」
5 善良不是軟弱的藉口
6 「庸俗」的智慧
7 十字路口選對路
8 灰姑娘的幸福

CHAPTER. 2 改變心態，你的人生才能變精彩……031

9 有自信，你就是公主
10 別再做「沉默的羔羊」
11 不想成為苦命女，就收起痛苦的想像吧
12 不要在怨天尤人中讓一生蹉跎而過
13 你是別人眼中的「異類」？
14 與眾不同的「幸運標誌」
15 就算現在自己再差，也不代表未來的自己還是這樣
16 在平凡中尋找自己的不平凡

CHAPTER ·

寵愛自己，不做奉獻到底的「女神」……049

17 去愛吧！但是不要押上你的所有
18 不做奉獻到底的「女神」
19 獨立起來！這樣才不會淪為別人的「奴隸」
20 世界上最愛你的人永遠是自己
21 千萬不要因別人的「眼光」而失去自己
22 愛一個人並不意味著拋棄全部
23 從明天開始打理自己的「公主手」和「侍女腳」吧
24 年輕時，你可以選擇自己喜歡的生活方式

CHAPTER · 4

年輕女孩要懂的十條戀愛「軍規」……069

25 男人不是救世主，女人不是泥娃娃
26 真愛從來都不是等來的
27 判斷男人是否墜入愛河的十種方式
28 當出現這些細節，證明他已不再愛你
29 給他糖，但一次最多只給一顆
30 不要讓一個男人傷害你兩次
31 你不是一個可以用錢擺平的女孩
32 不要用身體來承諾愛情
33 女人必須學會對男人說的N句謊言
34 這些男人越快甩掉越好
35 決定戀愛成敗的七個關鍵字

CHAPTER · 5

一眼看穿男人的「花花腸子」……109

36 男人為何總「吃著碗裏，想著鍋裏」？
37 女人不壞，男人更愛？
38 那張「膜」重要嗎？
39 男人等的就是「狐狸精」
40 男人是個貪心的傢伙
41 女強人為何讓男人聞風喪膽
42 男人眼中的「好女孩」
43 男人一生不會只愛一個女人
44 男人心裏埋藏最深的秘密是什麼？

CHAPTER · 6

男人可以邋遢，但你絕對不可以……131

45 像美女那樣打扮自己，你就成了美女
46 千萬不要做別人眼中的邋遢女
47 並不是全身上下穿了名牌才算高貴
48 你可以選擇當麻雀也可以選擇做鳳凰
49 時尚也是一種魅力
50 精心對待自己在每一個場合的裝扮
51 女孩們，用熱情去感受藝術吧
52 可以沒有漂亮容顏，但是不可以沒有個性魅力

CHAPTER.

不做女強人，但一定要做強者……149

53 加油！努力！你很快就有好運氣
54 給自己一個遠大的前程和目標
55 別人的糖可能是你的毒
56 對自己的期望要比老闆的期望更高
57 任何妙計都是空想，行動才是真的
58 不向頭腦注入新知識，遲早會被踢出局
59 幸運何時來敲門？
60 再普通的醜小鴨也能變白天鵝

CHAPTER. 8

從現在開始，比相信男人更相信錢吧……163

61 無論是小家碧玉還是富家千金，你都離不開錢
62 要有正確看待金錢的「俗氣」
63 戀愛時，請帶上你的錢包
64 享受金錢帶來的幸福
65 打理自己的金錢，應該像打理自己的愛情一樣用心
66 打死不做購物狂，每分錢都要花在刀口上
67 生蛋快樂——請學會讓「錢生錢」
68 從現在開始，比相信男人更相信錢吧

CHAPTER.9 婚姻如鞋，選擇舒適比選擇漂亮更重要……185

69 要嫁的不僅是一個男人，更是一種生活
70 走路最怕穿錯鞋，婚姻最怕受折磨
71 好女人和好男人在一起也會造成婚姻悲劇
72 有慧眼，就可以靠婚姻改變命運
73 要想嫁個金龜婿，就要像金龜一樣思考
74 再多的「我愛你」抵不上一句「我娶你」
75 五大黃金問題，讓你的婚姻成功
76 女孩一定要忌口的「婚姻禁語」

CHAPTER.10 二十幾歲女孩一定要懂得的人情世故……209

77 女孩行走江湖，面具必不可少
78 該裝傻的時候裝傻，該聰明的時候絕不含糊
79 像避開地震和毒蛇一樣避開爭辯吧
80 不管三七二十一的直性子，讓你一敗塗地
81 對失意的人不說自己得意的話
82 即使是自己能辦的事，也不要馬上答應
83 不要為了面子，充做「全能女孩」
84 即使不是大人物，也要用請教的態度和口吻

CHAPTER．11 有人脈成功就像坐電梯，沒人脈成功就像爬樓梯……227
85 人脈決定你的「富貴命」
86 想成為什麼樣的人，就和什麼人在一起
87 從今天開始，尋找生命中的貴人吧
88 貴人在哪裏？
89 「攀龍附鳳」——女孩的人脈必修課
90 對朋友，你沒必要一視同仁
91 先讓自己成為受歡迎的女孩
92 擴大人脈圈，你的處境就會得以改變
93 讓你的人脈「熱鬧」起來

CHAPTER．12 二十幾歲女孩一定要明白的幸福真諦……251
94 女孩的幸福與什麼有關
95 快樂可以靠幻想，幸福卻要靠實際
96 不要羨慕別人，適合自己的才是真幸福
97 用好奇心啟動你想要的生活
98 掃地的時候掃地，睡覺的時候睡覺
99 隨時清空生命中的負擔
100 每個女孩都會擁有幸福

1 Chapter 年輕女孩們，讓自己活得現實一點

拋棄頭腦中一切天真的想法吧

女人是時間帶來的尤物。一個小女孩長到十七八歲的時候，你會發現，她們的變化是多麼驚奇，抹鼻涕髒兮兮的小傢伙，一下子就成爲窈窕淑女了。

當然，這是時間對女人的影響。在另一方面，二十幾歲的亮麗，到了四十幾歲就成爲蒼老。所以，當你處於二十幾歲的年齡時，千萬不要自恃青春無限好而忽視美人遲暮的一天。記住，你不可能一直擁有年輕，不可能做一輩子的天真少女。

還記得公車上小孩子的那句「謝謝阿姨」嗎？當你在驚詫之中跑回家裏「面壁思過」時，看到自己昨夜通宵party還沒有退去的黑眼圈，在自己輕笑無所謂時，卻看到了眼角溜出的皺紋。

當你依舊牛仔褲休閒裝打扮時，屁股沉沉的下墜讓自己曾經自恃完美的身材大打折扣。一時間，你會感到我老了，再也不是原來的天真少女了。

在時間帶來的一絲恐慌中，你開始問自己：我的生活應該是什麼樣的？從十八歲的少女到三四十歲的「老女人」，這些時間中，我要怎樣找到自己的幸福？

無論如何，年輕的你，當你過了二十歲的生日時，就要真正地去面對自己的生命了。你也不再是自己世界中的公主，你只是普通人中的「灰姑娘」，你需要面對的是成人的世界。也許，你會突然發現作為權威父母的說話方式都有了改變，長輩的教導也早已經成為「瑣言」。你開始從另一種角度看待人生，發現自己有時會受到所謂朋友的愚弄，受到上司的挑刺，受到同事不屑的眼光。

這時的你，再也不能自恃年輕，去揮霍青春的美貌，這樣的生活只能讓你的人生價值大打折扣！

你會說自己還有機會去面對失敗。但是，二十幾歲的你面對失敗也是有個限度的，當你經歷了過多的打擊之後，你還會像原來那樣，有最初的銳氣和果敢嗎？而一個不可逃避的現實就是：年輕浪費的時間再也不能重新擁有了！

記住，當你跨入二十歲，就不要再那麼天真地去思考問題了，因為這除了讓你看到的現實生活「夢幻」起來外，就沒有其他的意義了。記住！夢不是現實，更不是生活，你也不可能用夢的狀態去打理以後的人生。在生活中，我們需要的是夢想而不是夢境！

每個女孩子都會有人老珠黃的一天，你需要的是拋棄自己天真的幻想，勇於面對時間的「敲詐」，這樣才能珍惜自己的青春，成為一個好命女！

2 打破現實中阻礙你好命的「白日夢」

許多女孩子都喜歡看韓劇，因爲在這些愛情故事裏面：男孩子既有錢又帥氣，他們會給女孩子創造一個個浪漫的童話，會爲女孩子掃除一切障礙，抵住其他那些看起來條件更好，也更漂亮的女孩子的「愛情攻擊」。而在這些諸多的韓劇典型特徵，就是大家幾乎都是富有的，而貧窮在這裏只是相對而言的。我們看到許多韓劇裏的男孩子，不是集團的董事長，就是跨國企業的接班人。也因此，韓國成爲女孩子成就「愛情夢想」的地方。

女孩子的這種「求助」偶像劇的做法，從根本上說是對現實的逃避。因爲她們沒有面對人生的勇氣，而當自己處於在偶像劇中，就可以得到短暫的幸福感，然後，再去面對不盡人意的生活，也因此，對生活的現實也就更加不自信起來。因爲在現實中沒有現成的汽車，沒有不用付賬的食品，沒有帥哥以及他後面的金錢，當然也就沒有了自己的好命。畢竟，戲劇雖然源於現實生活，但是戲劇並不等於現實。追究原因：我們生活在現實中，而不是生活在戲劇中。

值得注意的是，沉迷於偶像劇還會影響人的判斷思維，使人養成懶於思考的習慣。並且劇情會影響你的世界觀、人生觀和價值觀。

它就像一個現實的麻醉劑，讓人做幾個美妙的白日夢，醒來依舊在床上。所以，睜開你的眼睛，偶像劇只是一種娛樂方式，它只能作為消除疲乏和放鬆的工具。生活中既沒有偶像劇中的驚奇，也不是只喜歡愛情不要麵包，自然，生活中的男人與偶像劇中的也不一樣。如果你是一個渴望好命的女孩，就不要把大把的時間花在偶像劇中做白日夢，而是要打破現實中阻礙我們成為好命女孩的羈絆，去努力尋找自己的幸福，創造自己的精彩劇情。

3 好女孩也要品牌經營

名譽常常成為地位和成就的「孵化器」。在古代，名譽和權勢是男人的成功橋樑，女人在那時，需要的是「名不見經傳」、「足不出戶」，但是，女人的名譽同樣是幸福的起點。在這樣一個女性解放的時代，女人的榮譽更是十分重要。

個人的名譽就是個人品牌的最大象徵。在現代，年輕的女孩子還是要「沽名釣譽」，這不是說要去做「名譽」的工具，而是要經營好自己的名譽品牌，成爲一個幸福的女人。

一個女孩子要想在事業和愛情上得到好運，只有去經營自己的「品牌」，讓自己的好名聲傳出去，這樣，王子才會慕名前來，在事業上也才會得到上司的關注和提拔。那麼，一個女孩子要怎樣經營自己的品牌呢？

個人定位

想要成爲公主，就要有公主的地位，想要成爲「白骨精」，就要有「白骨精」的地位，物以類聚，人以群分，公主吸引的自然是王子，燒火丫頭吸引的也就是趕車的小夥子！一個女孩子只有給自己明確的定位，才會朝著這個方向去努力，也才會在人們眼中形成有這樣的「品牌」，也才會找到自己的幸福所在。

自身素質

不要以爲你給自己定位了公主，自己就真的成爲公主，在你身上必須具有公主的素質，比如高貴、大方、彬彬有禮等等。所以，增加自己定位之後的素質才是最重要的，不然，雖然把自己當做公主，但是形象上是個燒火丫頭，最後只能落個「新版東施效顰」。

財富的積累

想要有好的個人品牌，自然需要好的品牌推廣，記住，公主不是總在家裏坐著，「白骨精」也不是總在辦公桌前打字，她們都需要出席各種場合。而在這些場合之中，需要你用一定的財富作爲基礎，否則，你只能是個「落難公主」，蓬頭垢面，沒有人會看上你。

好的品德

無論一個看上去多麼高貴典雅的人，如果品德有問題的話，那麼帶來的無疑是外表美麗，內心骯髒。並且，一個女孩子好的名聲會流傳很慢，但是壞的名聲一旦傳播出去，剩下的殘局真的是「吃不了，兜著走」。

智慧

灰姑娘沒有智慧是拿不走王子的心的，「白骨精」沒有智慧的話，不會有好的業

績，也不會得到上司的提拔。千萬不要做聰明女人糊塗心，小聰明有的是，大智慧卻少得可憐，因爲這只能讓美麗與你擦肩而過。

善良

女孩子不善良的話，很容易會得罪人。一個惡毒的女人會讓人討厭，也會成爲眾矢之的，所以，想要自己好命，千萬不要鋌而走險，而讓自己心中的惡把自己毀掉。

當你擁有這些，就要記得將自己的這些優點傳播出去，那麼當你美名遠揚的時候，好命也就走來了！

一步錯步步錯，二十幾歲就要思考「怎麼活」

二十幾歲的你，也許你剛剛涉入社會，躊躇滿志地準備自己的事業；也許你繼續學業的深造，在名牌大學裏攻讀文憑。但是無論你做什麼，在自己的腦海裏都會構想自己以後的人生。年輕的你，眼睛裏的世界仍舊是色彩斑斕的。於是在這個年齡，你會在現實中體會生活的浪漫，你會因爲一點點小事而猶豫不決，放心不下。可是當你瀕臨三十歲時，這些浪漫和小事似乎一下子都消失了。因爲人生最美好的時間將要過去時，你總結自己的帳戶和感情，卻看到了一無所有。想過沒有，爲什麼會這樣呢？

因爲你的二十幾歲走了一頁錯誤的彎路。

「人應該怎麼生活？」這是諸多二十幾歲女孩子的人生問題，如果到了三十歲，你依舊思考這個問題，那麼這就證明了二十幾歲時，你只是在做夢，而沒有明確人生的方向。如果你在二十幾歲時，擁有創造美好生活的願望，那麼以後的人生你會過得更加有滋有味；如果二十幾歲的你總是悲觀面世，那麼你以後依舊生活在不幸中。而這些生活的選擇和你的心理成熟有很大的關係。

也許年輕的你，依舊喜歡稚嫩的自己，而不喜歡「世故」成熟的自己，但是只有後者才能讓你的人生選擇更加理智和正確，得到的幸福也就越多，記住，女人的心理傾向決定生活方向。

你需要用理智和成熟爲自己的人生定向，如果你依舊用幻想和稚嫩來面對現實的人生，那麼，你的未來只能是失敗。

世界上到處都是「擁有才華的失敗者」，我們總會看到人生失敗而又擁有天賦的女人，很多時候，她們會因爲一貫的優異而自恃自己選擇的正確，甚至事實已經失敗，她們仍是認爲這只是「偶然」，依舊錯誤下去。所以，處在二十幾歲的你，一定要做好人生的規劃，並且堅持下去。

善良不是軟弱的藉口

有個女孩子這樣說：「我也不知道我是真的善良，還是無奈的軟弱。從來沒有去報復過任何人，甚至說不會報復，沒有報復別人的心機。」你是不是也是這樣的女孩子呢？

也許你覺得因爲自己善良，吃過很多次虧，所以，甚至不願意別人「體會」你這樣的吃虧感覺，而放過了對他的「懲罰」。

中國古語說：「人善被人欺，馬善被人騎」，其實，善良本身不等於軟弱。軟弱的人遇到了不公的事情，會對那個欺負他的壞蛋說「行」。

而善良的人則會在這個時候挺身而出，對那個壞蛋說「不」！所以，女孩子，當你遇到了不公，不要用善良當藉口，爲你的「軟弱」說謊！

這樣的結果，你只能是那個「人弱被人欺」的老好人，別人認爲這是應該的，自然也不會有人領你的情！

許多女孩子身上都同時具有善良和懦弱性格，也因爲此，許多女孩子會混淆善良和懦弱的關係。

如果你是這樣的女孩子，那麼就要好好地區分一下自己到底是因爲善良的同情心這樣做，還是因爲身上的軟弱。

一個女孩子可以善良，但是絕不能懦弱。生活中的小事還好，但是到了大事，你還是這樣懦弱的話，你將一無所有！別人搶了你的男朋友也一聲不吭，別人搶了你升遷的機會，你也不去爭取，那麼，你永遠只是個苦命的小女孩，也從來沒有人會認爲你會得到好命。

即使有一天，你找到了一個很好的男朋友，在他們眼裏，你還是得不到承認的，因爲一個總是被人欺負，不懂得競爭的人竟然會有了好命，這會讓一些嫉妒的小人懷恨在心，會惡意地破壞你的好運！

女孩子，丟棄你的懦弱吧！你可以用善良去幫助別人，但是不要用你的善良去掩蓋懦弱！

「庸俗」的智慧

「庸俗」——沒有哪個女孩子希望被這個詞形容。但是不得不承認，當面對金錢、名譽和人氣等一連串「庸俗」的辭彙時，雖然有時會加以否定，但是大多時間都會渴望擁有。對於年輕的你來說，這種現象更是普遍，同時，你也總會發現自己在批判這些「庸俗之物」中無所適從。

因爲你已經褪去了荳蔻年華的羞澀和叛逆，在人生的舞臺上，你不再是排練節目，而是爲自己和別人表演了。這些現實的矛盾和猶豫不決，正是年輕的你如何選擇自己未來走向的路口。

如果你在這些「庸俗」的矛盾之中，選擇了一條不讓自己後悔的路，那麼，你就是一個「庸俗的智者」。而只有你用「庸俗的智慧」，才能爲你選擇一條符合現實而又正確的道路，才會更少地爲庸俗而又瑣屑的事物而煩惱。也正是自己的「庸俗」，才可以坦然面對朋友之間的小矛盾，上司的小批評，同事的小手段。

做一個有心機的「庸俗」之人，不要總是帶著心機盯著別人，因爲這會讓我們因爲心機而戴上有色的眼鏡。我們要做的只是用「俗人」的辦法解決庸俗的事情，讓自己過得輕鬆和安穩一點而已。

7 十字路口選對路

正當青春年華的女人，都會對人生和未來充滿期待和幻想。在人生這個最美麗的交叉口，你完成了學業，初涉了愛情，開始去工作，開創自己的事業；去找一個讓自己幸福的男人，走向婚姻的殿堂。

不過，人生是一條曲線，在起點和終點我們沒有選擇的機會，但是在起點和終點之間，我們卻有著無數個選擇。此時，上帝正為年輕的你塑造了一條又一條的人生道路，不知不覺地，你就會走到十字路口，甚至「米」字路口，但這並不是說「條條大路通羅馬」，並且，你也不可能把「本是沒有路的路」走上幾遍。

因為在這個交叉口，選擇一條路就意味著將其他道路格式化，正是在你一次次的選擇中，決定了你以後的社會位置和人生狀況。所謂「人生即是選擇」。所以，你一定要

珍惜自己的選擇，慎之又慎地保護好自己的現在和未來。

另外，雖然你有很多的選擇機會，但是這並不是說你想要什麼都可以得到，因爲選擇就意味著放棄，古人說「魚和熊掌不可兼得」就是這個道理。如果你什麼都想得到，那麼，你最終什麼也得不到。

年輕轉瞬即逝，當你舉棋不定的時候，別人或許已經達到目的了。所以，選擇之時你就需要有一個人生目標。

泰戈爾說：「人生目標是指路燈，沒有人生目標，就沒有堅定的方向；沒有堅定的方向，就沒有生活。」我們看到許多年輕的女性並不缺乏信心、能力、智力，但是因爲沒有明確的目標，所以沒有走上成功的道理。

在古代，人們會稱呼沒有得到幸福的女人——「紅顏命薄」，在當今時代，一個生活失敗的女性依舊是「紅顏命薄」。所以，年輕的你，不要自恃青春的美好，沒有方向地胡亂選擇人生，這很可能讓你走向失敗。

所以，年輕的你要學會選擇，在審時度勢中揚長避短，用你的睿智選擇更輝煌的成功，才會「心想事成」，在快樂的行走中，找到自己的人生真諦。

灰姑娘的幸福

如果你是二十幾歲的女孩子，你認爲什麼是最重要的呢？你爲自己贏得成功的路線是什麼呢？也許你會選擇清純，認爲這是二十歲的女孩子幸福的源泉，你認爲依靠它，你可以得到男孩子的愛情，長輩的呵護，其他人的關愛和善意，但是現實真的是這樣嗎？當你到了三十幾歲時才發現，原來一切並不是如此：當初的愛情，成爲柴米油鹽醬醋茶；長輩的呵護轉化爲自己的責任；其他人的關愛和善意變成了鉤心鬥角。

你發現，原來自己只不過是個俗人，從「清純」的女孩子變成了一無所有的老女人。現實就是如此，我們不可能用清純來代替現實，所以，與其到了三十幾歲成爲一無所有的老女人，倒不如在二十歲的時候，用俗人的眼光贏得幸福。

也許你會對這些嗤之以鼻，但是不管你相信與否，在這個現實的世界裏，如果你不世俗，你就不可能得到你想要的。

爲了愛情你不顧一切，相信愛情會產生出麵包、房子。不過，如果你的男朋友不能爲你帶來這些呢？不久，你就會在沒有物質基礎的愛情中蓬頭垢面。

當漂亮的女孩子爲自己的人生躊躇滿志時，那些腿勤嘴甜的女孩子早就得到了王子愛情的滋潤。也許當初這些人總是因爲俗不可耐而被嗤之以鼻，但是當一個個聰明漂亮的女孩因爲這些女孩子而落選時，也許你會感嘆這個世界真是俗不可耐！你不得不承認，現實就是如此。

二十幾歲的女孩子天性單純善良，並且總是強調保持自己的這種單純善良不變。但是想要保持這樣的單純是需要基礎的，因爲你不可能出身就是「帝王家」，有諸多的王子成爲你的選擇對象。而處於大多灰姑娘之中的你，必須勞動，必須去用南瓜做車參加舞會，去主動和王子見面，和幸福搭手。因爲只有這樣，你才能和王子牽手，找到幸福，而這一切就是現實。

如果你總是強調自己的單純，這只能讓你的單純毀掉一個又一個機會，你甚至不會看到幸福擦肩而過的身影。所以，二十幾歲的灰姑娘，一定要好好學習人情世故，這是你走向幸福的途徑。

記住，灰姑娘的南瓜車一定要自己造，灰姑娘的小鳥朋友並不是單純的幫助她，牠也希望能得到一些食物。

所以，二十歲的女孩子早點世俗起來，改變自己的目前狀態，不要因爲單純而沉溺在幻想之中，否則到了三十幾歲時就會因爲生存而疲於奔命。

2 Chapter

改變心態，你的人生才能變精彩

有自信，你就是公主

站在鏡子面前，你把自己打量了很多次，你看著自己的塌鼻梁、小眼睛，覺得自己不夠漂亮，看著自己的「水桶腰」和「飛機場」，覺得自己的身材很差勁，自己的氣質也不好，而那些形容女孩子高貴、溫柔、善良的話很少用在自己身上。這都算了，從小到大，自己就沒有什麼值得羡慕的地方，也很少有男孩子的情書、禮物來光顧自己的桌子，偶爾會有男生把一些信件和鮮花送到自己的手裏，但是他們會說：「幫我轉交給你們班的××……」你多麼希望這些男孩子說，「送給你！」哪怕禮物只是一張卡片，花朵只有一束……

是的，你就是這樣長大的，無聲無息。甚至媽媽都忽略了你的成長，在你內心裏，多麼期盼自己是某個王國的公主，你漂亮、高貴、溫柔，從小到大你就受到父母的無盡呵護，男孩子的無數讚美。不過，你知道這只是夢罷了。

女孩子，你還在做自己的公主夢嗎？也該醒醒了，爲什麼要在夢裏自己才是公主，其實現實中，每個女孩子都是公主，只要她有了公主的自信。

是的，沒有人讚美自己，但是我們可以自己讚美自己，你可以對自己說：「我是最棒的，我一樣是公主！」是的，沒有人送給自己禮物，那就自己送給自己，一副漂亮的耳環，一雙漂亮的鞋子，可以讓自己瞬間美麗起來，這是由內而外的美麗，自信可以讓你變得光彩照人。

要知道，每個女孩子都是局部醜小鴨，沒有一個十全十美的女孩子。

但是，每個女孩子只要把自己當做公主，那麼醜小鴨的部分也會因此而亮麗起來，也就成爲一隻漂亮的白天鵝。相反的，一個再美麗的女孩子，因爲把自己看做醜小鴨也就成了醜小鴨。

那些美好的辭彙只要你相信它們可以放在你的身上，那麼，它們就屬於你！

10 別再做「沉默的羔羊」

還記得那部叫做《沉默的羔羊》的電影嗎？在那裏，女性被喻以新生的羔羊，她們純潔善良，但是她們最大的特點是軟弱，對於罪犯來說，她們就像即將被宰殺的羔羊，

所以，我們看到許多無辜的女性被罪犯殺害。而我們的女主角正是因爲自己的勇敢和堅強將罪犯繩之以法，顛破了女性如羔羊般的懦弱。

在現實生活中，許多女孩子也是如此。我們總會看到一些女孩子因爲本身的善良和懦弱而成爲其他人的「羔羊」。這些女孩子總是本本分分，規規矩矩地生活，她們在工作中任勞任怨，在生活中潔身自好。在主管的眼裏，她們表現的是服從，在長輩的眼裏，她們表現的是孝順，在男朋友的眼裏，她們表現的是賢慧、體貼，但是，就是這樣的女孩子總是吃虧，她們並沒有因爲服從社會的意志而得到想要的幸福。

這種現象本身是不正常的，但是因爲「普遍」，這種不正常反而成爲了正常的現象，在許多人眼裏，懦弱善良的女孩子就應該吃虧。

爲什麼有些女孩子總是做吃虧的老好人呢？這與她羞於爭取自己的利益心態有很大關係。

女性本身的懦弱和「羞愧」讓自己失去了爭取最基本權利的勇氣。並且，她們自己還會以「與世無爭」來安慰自己。這就像鴕鳥逃避危險一樣，以爲擋住了雙眼，就不會受到侵犯，其實並不是這樣，這種想法更使得別人「得寸進尺」地侵犯本當屬於她們的權力和利益。

年輕的女孩子純潔、善良，對自己的權益爭取更加被動，如果你屬於這樣的女孩子，一定要學會「拉下臉皮」，勇於爭取自己的利益，不要因爲自己的「假道德」「怕麻煩」而讓自己吃虧。

放棄那些無謂的羞怯和與世無爭吧！因爲它們只能讓你成爲沉默的羔羊！年輕的你，以後人生路還很長，如果此時不懂得保護自己的利益，那麼以後你又怎麼能保護自家人的利益呢？你又怎麼教育自己的孩子去保護自己呢？記住：學得臉皮厚一點，這樣會讓你的生活完美許多！

11 不想成為苦命女，就收起痛苦的想像吧

在電影院裏大家一起看恐怖片，男孩子總會看到女孩子緊閉雙眼，總會聽到女孩子時時響起的尖叫聲。男孩子知道電影中的情節再恐怖，也只是電影而已，但是女孩子就不會如此，她們會把電影的情節現實化，生怕哪天電影中的某個幽靈會出現在自己的床頭！在生活中，女孩子也是如此，心細和敏感是女孩子的特點，因爲心細和敏感，她們會記住許多生活的小細節，這當然沒有什麼不好。但是因爲心細敏感，女孩子胡思亂想

就不是什麼好事了，尤其因爲胡思亂想而陷入一些無所謂的痛苦。

林黛玉就是一個典型的例子，賈寶玉明明是愛她的，但是林妹妹的眼淚總是因爲賈寶玉的「無情」而流出，而這些「無情」幾乎都是林妹妹胡亂想起來的，並把它們現實化。中醫講「五情傷身」，林妹妹的悲不僅讓她的淚長流，還使得她肺部受傷，總是咯血。因爲身體的原因，賈母不得不痛心地放棄了這個既定的孫媳婦，林妹妹也因此香消玉殞，成爲一個薄命人。

所有想像的痛苦都與一個人的軟弱和力不從心有關，因爲此時的思想意識和體內的巨大力量是分離的。所以，想要擺脫想像的痛苦，先找到自己的堅強和勇敢，多多激勵自己，用行動對想像說：「不！」當你用行動讓事態按照自己的意志發展時，那麼你就不會再去想一些無謂的痛苦。

當然，有時你去改變了，但是事態仍舊沒有好轉，那麼你就把最壞的結果想像出來，難道你會因爲這個結果要去死嗎？如果答案是否定的，那麼現實的這點矛盾和痛苦又算什麼呢？如果答案是肯定的，那麼你連死亡都不怕，還害怕這樣的一個結果嗎？比如，經濟不景氣，你想到自己很可能會失業。但是，你還是健康的，你依舊可以憑藉自己的能力去生活，開創自己的事業。你總是和男朋友鬧矛盾，想到五年的戀情可能很快就會灰飛煙滅，但是，你依然可以找到更好的男人來愛你！

爲什麼要讓沒有必要的痛苦折磨自己呢？年輕的女孩放輕鬆吧，千萬不要因爲一些無所謂的「第六感」讓自己成爲苦命女！

12 不要在怨天尤人中讓一生蹉跎而過

上帝說，要有光，於是就來了光；上帝說，要有人，於是就出來了亞當和夏娃。但是，你說要有錢，你的存摺上就是沒有錢；你說要有一份穩定而又高薪的工作，但是你的工作不但薪水低，還不穩定，甚至工作中還總是受氣！所以，年輕的女孩子記住，這個世界不是根據公平的原則創造的。所以，不要再埋怨上天不公了，不要埋怨自己的生不逢時，不要在怨天尤人中讓一生蹉跎而過。

威廉．詹姆士說：「心甘情願去接受吧！接受事實是克服任何不幸的第一步！」

卡內基說過：「有一次我拒不接受我遇到的一種不可改變的情況。我像一個蠢蛋，不斷做無謂的反抗，結果帶來無數個不眠的夜晚，我把自己整得很慘。後來，經過一年的自我折磨，我不得不接受我無法改變的事實。」

年輕的你也許正在爲一個專橫的老闆服務，你的本來工作是負責外場的事務，但是你的老闆會讓你去接一個剛剛的來電，讓你去給他的朋友送一份文件，讓你給他沖一杯咖啡，甚至他的妻子來了，你還要爲她訂好飯店……你覺得自己什麼都沒有學到，但是稍稍有點錯誤，老闆就會指責你不盡心。爲什麼會這樣，很簡單，在這份工作中，他就是那個上帝，而你只是你，你只有接受的道理。當然，接受也分爲主動和被動，被動的接受只能讓你更加被動，而主動的接受才會讓你有發揮自己思想的空間，你在主動接受時，可以做一些有利於自己而又不損害老闆的事，這種主動進取的表現，還會讓老闆對你刮目相看。

所以，在挫折中積蓄自己的力量，在努力提高業績中讓自己這塊金子發光吧！

13 你是別人眼中的「異類」？

在古代，那些隱居山林的智者大多都具有經天緯地之才。並且這些人都有很多怪癖，其中之一就是清高孤傲、曲高和寡，只和自己相知的人來往，對於其他人則是不屑一顧。

《三國演義》中，劉備三顧茅廬才和有臥龍之稱的諸葛亮見上一面，智者的清高孤傲在這裏表現就十分明顯了。古人用菊花表示智者的清高孤傲，因爲他們隱居遠山，不和官宦同流合污。

不過，到了現代，智者的清高孤傲早就被打擊得七零八落了，因爲在當今社會，想找幾個有能力，甚至在某方面是天才的人根本不費什麼事，當大家都是能人的時候，就不要奢求自己還能清高孤傲起來了。

女孩子也是如此，才華橫溢而又漂亮的年輕女孩子大有人在。所以，如果你是一個聰明漂亮而又才華橫溢的女孩子，就不要用自己的「本錢」孤高自傲了，因爲，很可能你會成爲失敗的對象。

年輕的女孩子千萬不要因爲自己的一點優異而對別人「另眼相待」，這只能讓你成爲一個自負的怪物，被排除在交際之外。

一個年輕人如果長期地清高下去，那麼，她的人脈就會被自己束縛，出現溝通的障礙，自然事業成就也就十分有限。

與眾不同的「幸運標誌」

如果仙女送給你一面魔鏡，在清晨梳妝的時候，你會不會也像《白雪公主》中的那個王后一樣，對著鏡子急切地問：「魔鏡，魔鏡，我是世界上最美麗的人嗎？」

從古至今，從中到外，女孩子對自身的評價，漂亮是一大關卡。在古代，就有著名的四大美女排行榜：春秋的西施，漢代的昭君，三國的貂蟬和唐代的玉環。到了現代，從地方小姐的選拔到世界小姐的決賽，都訴說著美麗對於女孩的重要意義。

美麗是上天送給女孩的禮物，在許多女孩看來，擁有了美麗，就擁有了自信，擁有了以後幸福的人生。正因爲如此，美麗成爲年輕女孩們的一種夢想，而時尙爲這種夢想提供了「標本」，於是大批的女孩子們開始瘋狂減肥，爲的是得到一副「魔鬼身材」；開始進行整容，爲的是得到完美的臉型，漂亮的眼睛，小巧的嘴巴。

但是，這些真的可以帶來幸福和好命嗎？真的可以帶來美麗嗎？是誰規定了女孩子只有魔鬼身材才叫美麗？環肥燕瘦本身就是一種對美麗不同的詮釋。是誰規定美女就要雙眼皮大眼睛？單眼皮小眼睛也獨有一番味道。每個人對於美麗都有不同的詮釋，也許你正瘋狂去掉的所謂缺陷正是你獨特美麗的源泉，是上帝賜給你的好命呢。

有個小女孩出生的時候，在眼睛下面長了一顆很大的淚痣，因爲前幾個姐姐長得都很漂亮可愛，所以這個小女孩出生後並沒有得到父母的寵愛。在家裏，小女孩的淚痣總是姐姐們嘲笑的對象，小女孩也十分討厭自己的這顆醜兮兮的淚痣。

小女孩就這樣在被忽視的環境中生活了七八年。直到有一天，一個有名的人看到小女孩的淚痣說：「這顆淚痣長得很好，它會給這個孩子帶來好運。」因爲名人的話，小女孩的父母開始關注他們這個最小的女兒。除了淚痣，他們發現，自己的女兒竟是如此的聰明可愛和善解人意，而鄉親們也開始對這個小女孩愛護有加。因爲一個名人的話，小女孩的淚痣就成爲幸福的象徵。

因爲父母的關愛，小女孩自信起來，她開始用新的角度審視自己，發現自己並不像自己想像的那麼糟糕。當小女孩上學以後，以優異的成績和良好的領導能力，不久就成爲學校的風雲人物。大學畢業後，她成爲許多男孩子追求的對象，在找到一份穩定而高薪的工作後，女孩也找到伴隨自己一生的男人，過著幸福的生活。

所以，不要再爲自己臉上的幾個小雀斑而懊惱了，也許，它們正是帶給你幸福的標記呢！薩特說，「存在就是一種合理」，爲什麼非要在自己的身上找些不合理的事物來消除它呢？就像建築對稱是一種美麗，不對稱也一樣是美麗，女孩子的美麗也是一樣，

人們看似的缺陷也是一種美麗。

年輕本身就是一種美，女孩子更是美麗中的尤物，但是，你懂得欣賞自己的美麗嗎？那些看起來不起眼的小問題，只有你自己去欣賞它們，用自信去迎接別人的眼光，這點與眾不同也就成爲你的幸運標誌，因爲它是把你區分出來的最好方法。

15 就算現在自己再差，也不代表未來的自己還是這樣

每個女人都會收到上帝給她的支票，有的女人，支票上寫著漂亮、聰明、有氣質，有的女人的支票上寫著財富、幸運，有的女人的支票上卻寫著貧窮、自信、堅持。世間有多少女人，上帝就給她們發了多少張支票。沒有哪兩張支票是相同的，猶如世界上沒有兩個完全相同的女人一樣。

每個女人接到自己的支票時，總要和別人比一比，她是不是比我漂亮、比我高貴，比我聰明，比我家世好？是的，這些是女人的一些「好命」條件，但是這只是現實的，所謂「上帝給你關上了一扇門，又會給你打開一扇窗。」要知道，無論你今天的起點在哪裡，都不能預示你的未來在哪裡。關鍵就看你是不是用好了上帝給你開的支票。是的，你沒有財富，但是上帝給了你堅持和聰明，它們才是你「好命」的王牌，是上帝關上門之後給你開的窗子！

記住，沒有哪個女孩子會因爲貧窮而不好命，也沒有哪個女孩子因爲不漂亮而不好命，而關鍵是，你需要整合上帝給你的支票，走好你人生的每步棋！

談了五年的男朋友準備和自己結婚時，卻做了逃跑新郎。難道自己非要把這個「可惡的傢伙」綁回來和自己重新站在婚禮上，才是好的歸宿嗎？才是自己的幸福嗎？錯了，如果是你自己的問題，即使你把新郎綁回十次，他還是會有第十一次的逃跑。與其把他綁回來，還不如讓他跑了算了，因爲你會有更多的時間整理自己的混亂，讓自己清醒起來，也許是因爲自己不夠好，但是也可能是那個男人並不適合你，所以，爲什麼非要讓自己從門走出去，而不從窗子跳出去呢？

上大學時，兩個女孩子同時愛上一個男孩子。這個男孩子的確很優秀，無論是長相、學識還是家庭都是「上上等」。兩個女孩子是完全兩種類型的人，家庭狀況也不大一樣。前者是靚麗多情的玫瑰，後者是清幽溫馨的百合。前者的家庭富足，而後者只是普通人家的女孩。大學畢業的時候，兩個人同時向男孩表白了，在男孩的「斟酌」之下，決定和前者交往。

半年後，雙方的家長見面，決定讓兩個孩子結婚，但是這個時候，男孩卻一口拒絕結婚，因爲他還沒有準備好去做一個丈夫。後來，男孩考上英國的一所大學。就這樣一拖再拖，女孩子又找了一個男人，並且很快結婚了。

而當這個男孩到了英國的第二年，在校園裏看到了第二個女孩子，原來她也考上了這所大學。兩個在異國他鄉的人開始了他們的生活。女孩子每週都會到男孩子租的房間，和他一起享受週末的時光，這時他們只是朋友。

幾年後，男孩子的學業完成，準備回國時和女孩子告別，發現女孩子竟然也拿到了畢業證書。男孩子很詫異這個女孩子頑強的學習和生活能力。

男孩子問，你怎麼這麼厲害?!女孩子說，因爲我愛你！當然，現在你不愛我也沒有什麼。因爲無論以後我能不能和你在一起，我都不覺得自己很差，也不遜色於你，這就夠了，我相信會有一個男人讓我幸福！男孩子無語。告別的第二天，男孩子就回國了。但是女孩子並沒有和他一起回國，她被聘到一個國際企業中做高級助理。

兩個月後的一天，男孩子出現在女孩子面前：「我們結婚吧！我發現我愛上了你！我原來以爲我有多麼驕傲，但是在愛情面前，這些都是一文不值的！」

每個女孩子都自己的優勢和劣勢，聰明的女孩子知道，就算現在自己的支票再差，也不代表未來的自己還是這樣，她會等到自己成長到最好的時機，打出自己人生的牌，贏得自己的所有！

16 在平凡中尋找自己的不平凡

身為女人的你想要什麼？是豪門中的觥籌交錯，還是尋常百姓家的「粗茶淡飯」？是驚世駭俗的愛情，還是水波不驚的婚姻？當然，你不可能既要魚又要熊掌，就像人雖然有兩條腿但是只能走一條路。

天不遂人願的很多，你想要的是繁花似錦，但是人家給你的卻是粗茶淡飯，你要的平淡如水的婚姻，人家就要讓你轟轟烈烈。命運就是一個開玩笑的小孩子，隨你怎麼哄，總會找點意外給你。

那麼，你怎麼辦呢？你只有粗茶淡飯，還真的去舉辦宮廷宴會？你就是轟轟烈烈，怎麼可能得到平淡如水？女孩子千萬不要和現狀「作梗」，這只能讓你的生活越來越窄，為什麼不保持一顆平常心，讓自己好好地享受命運給你的這點「意外驚喜」呢？心態往往影響人的一生，所以有一顆平常心是最重要的。

一個有平常心的女人，首先是快樂的，當她保持了平常心讓快樂相伴的時候，就會取得周圍人的好感，因爲人們可以在她身上分享快樂。

這樣的女人，無論自己在什麼場合都會找到自己的定位，找到自己的朋友，找到自己的目標。她們知道只有接受現實，並在現實狀況中快樂自由地生活，才會獲得自己想要的自由。

有平常心的女人心態是平和的，她會處變不驚，無論遇到什麼事情都會有頭緒，能正確面對挫折和榮耀。而一個女人沒有平和的心態，就會在得意的時候驕傲得像個孔雀，失意的時候像個落湯雞，這種心態本身就是把自己當做外界的「雕塑模特兒」，從來都是拿外界的評價作爲自己的「觀點」，因爲這樣的人，本身是沒有自己觀點的，自然活得也從來不會隨意、自由，只要遇到一點小挫折就會一蹶不振，因爲一個人在逆境中，得到「好評」的機會微乎其微。

有平常心的女人還要會內斂，她有自己的一套不張揚、精通圓潤、成熟的處世哲學。她們知道衝動是魔鬼，只有心如止水，才能運籌帷幄自己的幸福。

她們從來不會在自己陷入困境的時候，旁敲側擊地說其他人的壞話，而是在這個時候去尋找別人的幫助，努力幫助自己擺脫困境。

她們也知道，自己在幸福中生活時，不會去嘲笑別人的寒酸，因爲沒有人幫助的「幸福」只是暫時的，沒有人分享的快樂，也不是真正的快樂。

有平常心的女孩子從來都不在意自己是平凡的，她知道，生活即使平淡，每天都是自己的，電視劇可以轟轟烈烈，但那是是別人的生活！

爲什麼不在平凡中找到自己的幸福呢？在平凡中尋找自己的不平凡?！

3
Chapter
寵愛自己，
不做奉獻到底
的「女神」

17 去愛吧！但是不要押上你的所有

愛情讓人瘋狂，爲了愛，年輕的女孩可以對男友百依百順。男友說，你穿紅色的不好看，白色比較適合，於是女孩子的衣櫥裏就滿是白色的衣服，而自己鍾愛的紅色被下架到某個房間的一角。男孩子說，我喜歡長頭髮的女孩，於是女孩子就開始打破二十年的短髮，爲心愛的人留起長髮……爲了愛，女孩子可以把自己每個細胞的血液都更新一遍；爲了愛，女孩子在男孩子一次次的傷害後仍然笑容滿面；爲了愛，女孩子甚至可以放棄自我。

但是，無論一個多麼好的女孩子，放棄了自我，就會永遠失去男孩子。

有個年輕的女孩，長相和身材都不是很好。在一次偶遇中，她愛上了一個很帥的男孩子，雖然男孩子早有了心上人，但是還是開玩笑地對女孩子說：「你並不漂亮，但是很有特色，如果你可以塑造一個全新的自己，那麼我就很可能愛上你。」女孩子聽後十分高興，於是開始了塑造全新自己的歷程：瘦身、整型。

我們不得不嘆服愛情的力量，女孩子以驚人的速度改變著自己，很快，女孩子就瘦身成功，而整型也有序地展開著。不幸的是，當整型進入最後的環節，女孩的花容月貌已經出現時，出現嚴重的感染。感染一寸寸地吞噬年輕女孩的生命，女孩子知道自己時日不長，在彌留之際，她希望可以看到男孩子最後一面。但是，此時的男孩子和自己心愛的女朋友正準備舉行婚禮，他當然不會在這個時間來醫院看與自己毫無關係的女孩。

許多人都爲這個女孩的癡情所感動，爲愛瘋狂，甚至失去了生命。但是，這樣的愛情值得我們去付出嗎?盲目地去愛一個人，得到的只能是「紅顏薄命」。

年輕的女孩子，先要知道自己的愛情是不是值得去付出，否則這種付出對於別人來說是一文不值的，最終受苦的只是自己。

當然，大多的愛情是值得付出的，找到一個與自己相知相愛的男人，許多女孩都會無條件地付出自己。不過，無論是什麼樣的愛情，付出也是有限度的，那些把愛情視爲生命的做法是在戲劇和小說中才存在的，並不存在於現實生活中。因爲在我們現實生活中，沒有一個人單單只因爲愛情而生活，除了愛情之外，你還有親情、友情，這些都是值得付出的事物。因爲有了這些，一個人才會真正地完滿，才會是一個健康人格的人。

所以，年輕的女孩，不要因爲愛情而盲目地奉獻，愛情只是愛情而已，它是你和他的花前月下，是生活的一小部分，哪怕它可以貫穿你生活的每個地方，但是它也只是愛情，代替不了生活的其他方面。因爲沒有親情和友情的女孩子，人格本身就是不健全的，自然也就不值得別人去愛了。

世界上沒有一個男人值得年輕的女孩子把自己的生命全部壓上去。很簡單，生命只有一次，男人卻有很多，並且，這個男人應該得到你多少的付出還是值得商榷的，像上面的那個男孩子，就是不值得付出的對象。因爲他不但花心，而且無情。而一個女孩子如果將自己的生命全部壓在愛情上，就會成爲愛情的奴隸，成爲男人的奴隸，而不是因爲愛情而幸福的人。

對愛情本身來說，可以是「海枯石爛」，但同樣也會出現瞬間迷戀，當一個男孩子愛一個女孩子時，對他來說，她就是一個寶，當一個男孩子不愛你時，無論你多麼美麗和優秀，也只是他準備丟棄的累贅。可以說，男人的愛情隨著意志而轉移。如果一個女孩子把身心全部交給男孩，那麼她的價值也就隨著男孩子的意志而改變。

爲什麼自己的愛情價值要用別人的眼光來衡量呢？記住，女孩的幸福永遠在自己的手上，女孩子的愛情價值也永遠在自己的手上，一個女孩子只有懂得愛自己，把愛情放在自己的手上，才能擁有男孩子的愛。而如果你連這點都不懂的話，那麼，又何談讓一個男人死心塌地地愛自己呢？

去愛吧！但是不要押上自己的所有！

不做奉獻到底的「女神」

女人天生是愛的化身，她們可以毫無保留地將自己的所有奉獻給他人。印度有一個被稱爲「活聖人」的德蕾莎修女，她救助了一輩子的窮人，而她的這種救助並不同於其他富翁，經過捐款或者設立基金給窮人後，自己依舊過富裕的生活。德蕾莎修女的救助是將自己的身心完全放在窮人身上，而她自己的生活卻是一貧如洗。她住的地方，唯一的電器是一部與外界聯繫的電話；她的衣服一共只有三套；夏天，她只穿涼鞋不穿襪子……可以說，德蕾莎修女是女人奉獻的極致了。

當然，大多女人並不能像德蕾莎修女一樣，對所有人去做毫無回報的奉獻，她們做的只是毫無抱怨地愛自己的丈夫和孩子。對於普通女人來說，看到丈夫和孩子的幸福就是對自己奉獻的最大回報。

我們不可否認這樣的女人「好」，但是這種「好」，真的可以讓自己好命嗎？當一個女人把自己的所有都獻給了丈夫和孩子，自己也就一無所有。而一個一無所有的女人，最終往往成爲被遺棄的可憐「怨婦」。

當曾經對自己海誓山盟的老公說：「離婚吧，我不愛你了！」此時的女人恐怕多是埋怨男人是當代的陳世美，沒有良心，忘恩負義，但是卻忘記了，是誰讓自己的老公變成了陳世美?!

是的，愛不是奉獻，當一個女人失去原來的魅力，就有了失去另一半的危險。因爲與奉獻相比，男人更在乎你能和他一起成長，可是大多喜歡奉獻的女人並不自覺，以爲幫助了男人去建設他的世界，然後他的世界就是自己的世界。

其實不是的，當你爲男人建築他的世界時，他的世界也很可能在此時爲你關閉了大門。

所以，三十歲的女人，不要到了男人成爲陳世美時再說「我給你這麼多，你爲什麼還這樣對我？」因爲你給了他這麼多，也就失去了自身的價值，而一個沒有價值的女人，事業有成的男人會需要嗎?所以，放棄成爲「奉獻」的女神吧，不要指望用犧牲壓住男人的「花心」。

只有自己依舊是那個曾經積極進取，魅力四射的女人，你的男人才是那個曾經愛你的男人。

獨立起來！這樣才不會淪為別人的「奴隸」

一個女人要想從精神上獨立起來，不去依賴別人，首先要從經濟上不去依賴別人。

爲什麼在古代大多女子不能做到精神獨立，追其根本原因是經濟不獨立。爲了限制女人，經濟上男人就開始了獨佔，「女子無才便是德」，還不是男人害怕女人有才搶了他們的經濟命脈！爲了女人不能到處亂跑，男人給女人束上腳，爲了女人不能「胡思亂想」，他們讓女人讀《烈女傳》。

好在時代變了，生活在這個時代的女性能夠去找到自己的獨立了。你如果還是那樣依賴別人，那就只能自己種下苦豆，自己去吃苦果。

當然，這裏說的女人獨立並不是要求女人去做叱吒風雲的女強人，而是告訴女人有自己的一份穩定工作，當然做家庭主婦也沒有什麼，但是你一定要記住，就算是家庭主婦也是具有獨立意識的家庭主婦。

當丈夫說，我每天在外面忙還不是爲了我們的日子好一點？你要知道，自己在家裏忙還不是爲了丈夫可以好好工作，同樣具有意義。

婚姻是一個組合體，只是各有分工而已。

你的家庭勞動一樣毫不遜色於他在外面的打拼。難道每天去超市買菜、做飯、洗衣服就不是勞動嗎？難道因爲自己爲了讓他安心工作就應該自尊受損嗎？就應該成爲他「發洩」的對象嗎？所以，依賴別人的女孩子不要傻了，清醒地認識一下自己到底應該怎樣對待自己的感情和生活。

另外，有的女孩子有很好的工作，經濟獨立了，但總是害怕自己的男人因爲什麼原因會離開自己。這也是精神不獨立的表現。如果你覺得你們可以在一起，那麼就去共同創造你們的生活，爲什麼在不著邊際的思想裏患得患失？你可能認爲戀愛就要結婚，如果分手了，那麼會多麼讓人看不起。

其實，你分手與否只是你的事情，爲什麼非要牽扯別人的眼光，做別人眼光的「犧牲品」？並且，這種患得患失很可能會成爲其他人利用的對象，讓你錯過值得和你生活一生的男人。

許多女孩子會因爲好朋友搶走自己的男友而生氣，就是在不久以前，這個朋友還在自己身邊說這個男人如何「垃圾」，但是，自己剛剛把垃圾擺脫了，她就把「垃圾」當做寶一樣撿起來，是不是有很強的受騙感覺呢？

不要怪別人，是你自己沒有意志力，做了別人思想的奴隸，爲什麼不堅持自己的愛情呢？

獨立起來吧！女孩子，只有這樣你才是屬於你自己的，你才不會成為別人的「奴隸」！才會用自己的雙手打造自己的明天，才會擁有自己想要的「好命」！

世界上最愛你的人永遠是自己

當自己長大了才知道，曾經以為伴隨一生的父母也會離開自己，曾經以為很好的朋友因為遠走他鄉也不會聯繫，而愛情在電視裏可以一生一世，到了現實中卻成為奢求。

女孩子終於發現，世界上可以和自己真正共度一生的只有自己，而女孩子也發現，世界沒有自己依舊很亮麗，但是自己沒有了自己就失去了整個世界。女孩子去算算自己的世界有多少是他人的？如果過了百分之五十就快些住手吧！

是的，我們擁有了親情、愛情、友情還有一些其他的感情，因為擁有這些，我們才成為完整的整體。但是，這不是說，沒有它們我們就不去生活了，沒有了它們，我們的生命就沒有意義了。因為沒有哪個人專門為某項東西而活，因為人的世界本身就是一個複合體。

所以，爲什麼當我們和一個男人戀愛的時候，我們是光彩動人、魅力橫生的，但是一旦沒有了他，我們就變成了一個不吃不喝或者暴飲暴食、憔悴萬分的女人？當然，有幾天去接受一種感情失去或者破裂是需要的，但是我們不需要用我們的一生去「祭奠」，如果這樣，也只能說明我們的心智還沒有成熟。再也不去貪念別人對自己說：「世界上，最愛你的人是我。」因爲你知道，這只是一個謊言。

年輕的女孩，有多少因爲這個謊言而做撲火的飛蛾。當曾經的那個人說：「好好照顧自己，因爲我已經愛上別的人。」你會不會淚流滿面？你對他說：「難道我對你的愛就真的一文不值？」他會說，我心理有儲存它的地方。但是，這又能怎麼樣呢？難道自己還要感激不成？

戀愛是一個女孩給一個男人讓自己開心的機會，所以，當我們爲此過於煩惱時，那實在是自己的錯誤。

女人不是不可以依靠男人的愛情，但是女人在依靠男人愛情的同時也要知道，只有自己才是最愛自己的那個人。每個女孩子都是自己的公主，不是因爲別人才是的。

所以，多愛自己一點，自己也就更加美麗一些，更加快樂一點！

千萬不要因別人的「眼光」而失去自己

一個女孩子和男朋友逛街的時候從來都不牽手，兩個人還總是離得很遠，要不前後走，要不裝作陌生人。爲什麼？因爲女孩子很高，但是男朋友卻有些矮，兩個人在一起怕引起別人異樣的眼光。

你是不是也是這樣的女孩子呢？當然不是指你和男朋友分開走的問題，而是說，你是不是也是這樣在意別人的眼光？只要別人給你個小意見就「虛心接受」，也不考慮這到底適合不適合你，甚至別人什麼都沒有說，你自己就會想像些「意見」而刻意地去做了。想過沒有，爲什麼自己會那麼在意別人的意見，爲什麼會爲別人的看法而動搖？其實，這些看法並不是別人的，而是你自己的。就像那個高個子女孩的子心理一樣，因爲她自己就是那個看到別人兩個人高矮不合適，自己會給別人異樣眼光的女孩子。一個人在心裏怎樣看自己，那麼，在外界就能感受到怎樣的眼光。西方有句話說：「別人是以你看待自己的方式看待你。」

人本來就是社會的動物，不可能不在意其他人的眼光、其他人的看法和價值觀，但

是這些看法只是其他人的，並不是你的，那些整天問別人，我穿這件衣服怎麼樣；我的男朋友好不好；我要不要給他打電話道歉；要不要和他分手；要不要和上司說，我也想參加培訓等等問題層出不窮。一個自信的女孩子是很少這樣去問別人的，自然，也少了許多別人的意見，因爲她們相信自己這樣做是正確的，是最好的。

而那些不自信的女孩子，讓這些眼光和看法成爲自己的觀念，自然也就沒有了自己的意見，而只是一個傳播別人看法的電視機了。時間長了，養成了靠他人意見才可以做事的習慣，自己也就懶於思考，只要遇到什麼事情，就要去問一下別人的意見才安心去做。這樣的女孩子也很少會得到幸福，因爲她們連自己想要什麼都不知道，連自己的個人意見都沒有，何談去得到自己的人生追求呢？

這樣的女孩子小時候，是爸爸媽媽安排一切的，當然，如果父母很明智的話，她們會很幸福，如果父母不明智的話，她們就失去了幸福，比如自己明明喜歡畫畫，但是父母沒有注意到她們的畫畫天分，卻讓她們學鋼琴，顯然，很可能成爲畫家的小女孩，就成爲一個只知道幾個曲調的女孩。當這個女孩長大成人之後，也許會得到一個自己不擅長的工作，碌碌無爲地進行自己的工作。然後認識一個同樣碌碌無爲的男人，和他結婚，在婚後，自己沒有主見，全憑丈夫「定奪」，很顯然，這樣的婚姻也是失敗的。因爲如果這個男人沒有主見，那麼他們只能在生活的底層繼續聽從別人的意見，而如果這個男人有主見，那麼這個沒有主見的女孩子，他會喜歡嗎？顯然不會的。

所以，女孩們，千萬不要因爲別人的眼光失去自己，這樣你將失去自己的幸福！

愛一個人並不意味著拋棄全部

現在的女孩子對待愛情要理智多了，但是還是有一些傻女孩，遇到了愛情就把自己的全部都賠進去。到了最後，並沒有哪個男孩子可以承受這樣的愛情，而世界上也沒有哪個男人值得讓一個女人可以完全失去自我地討好他。

如果一個女孩子拋棄自己的全部去愛一個男人，結果有三個，其一，男孩子因爲女孩子的「全部的愛」而全身疲乏，然後逃之夭夭了；其二，男孩子厭倦這種「強加討好的愛」，離開女孩；其三，女孩因爲過度討好而讓自己疲乏、煩惱而死。

爲愛情而付出自己所有的女孩子，生活中除了男孩子的愛情之外，別無其他。她們希望這樣讓愛情和生活達到平衡，因爲付出全部而自己一無所有。當男孩子愛一個女孩子時，可以讓她成爲世界上最美麗的女人，捧在掌心，猶如落在凡間的天使，但是當

男孩子不愛她了，女孩子的世界也就轟然倒塌，誰還在意這個在某個建築前守望愛情的小女孩。所以，女孩子一定要記得，自己才是精神的主體，然後才是某個人的女友或者妻子。當一個女孩子知道了這些，當那個男人說出分手的時候，才不會因爲自己的一無所有而陷入思想或是金錢的困境，才不會把自己搞得像個被人丟棄的小動物。也只有這樣，當女人在愛情之外有自己的東西，那麼，在男人的「狠話」下才會很快地站起來，依舊是原來的那個公主，依舊活得輕鬆瀟灑。

也因爲不把自己的所有放在一個男人身上，在戀愛中，女人才會更加美麗，才不會爲了討好某人而放棄自己的觀點，讓自己成爲一個在男人那裏看來毫無主見的「婦人之見」，才不會爲了男人，而放棄自己的愛好。也才會真正地認識這個男人是不是自己想要的。十八歲女孩追求的愛情，很多是在不懂男人的時候。這種愛情和二十歲的女人慢慢懂得男人後，追求的是很不相同的。而當一個女人到了三十歲，她眼裏的愛情更是不同了，面對同一個話題——愛情，女人都會感嘆：「原來愛情是這樣的！」

但是年輕的女孩，無論你眼裏的愛情是什麼樣子，都要記住，愛一個人並不意味著拋棄自己的全部，在意你的男人會在意你的付出，而不在意你的，你的付出，只是一種累贅！而這些付出，都是你的心血啊，難道你不爲自己心疼嗎？而在愛情之外，那些美麗的風景，你是不是早已經忽視了很久了呢？

23 從明天開始打理自己的「公主手」和「侍女腳」吧

「十三能素織，十四學裁衣，十五頌詩書，十六……」至今我們還能想起《孔雀東南飛》中的那個才貌雙全的女孩，雖然沒有任何一樣才藝和品貌遜色於其他女子，但是卻被婆婆趕回家門，最終和丈夫一起殉情而死。這是值得我們深思的，爲什麼這樣一個能夠持家識大體的女孩最終這樣地苦命呢？許多料理家務井井有條的家庭主婦總會被丈夫拋棄，都說「要想抓住男人的心，就要抓住男人的胃」，但是事實真的如此嗎？顯然不是的，因爲一個男人娶回家的是一個女人，而不是一個廚師和傭人。

看到過這樣一個小故事，女兒要出嫁了，母親十分擔心女兒婚後會過得不好。她擔心的不是因爲女兒嬌生慣養，而是因爲女兒從小就任勞任怨幫母親分擔家務，而且女兒的一手好菜更是讓母親十分顧慮，生怕日後女兒總是和廚房打交道，成爲一個只知道照顧老公和孩子的家庭主婦。於是，母親對女兒說，「結婚後不要下廚房做飯，不要總是做家務，不要總是照著老公的話去做……」女兒聽到十分詫異：「那我做什麼？」

「做女主人！」母親斬釘截鐵地回答。「因爲只有這樣你才能過得輕鬆，一個女人無論把家裏打理得多麼好，也只是給男人做家庭主婦而已。而一個女主人要做的是掌管家庭，而不是做家庭的傭人。」

女兒聽後點點頭，婚後把自己的各項才能都「掩藏」起來，做起了真正的女主人，在事業上和丈夫一起打拼，在工作之餘去會自己的朋友，去美容店裏做美容，而家裏則請了一個傭人，打理家庭勞務。每一個到女兒家裏做客的人都能感受到作爲女主人的熱情，而丈夫也對妻子的待客之道稱讚有加。兩個人的婚姻也一直十分幸福美滿。到了老年，女孩對丈夫說：「其實我瞞了你一輩子，我什麼都會做，但是除了給你泡杯咖啡外，幾乎什麼都沒有做。」

丈夫笑笑：「我早就知道你什麼都會，所以結婚之後一直很奇怪你爲什麼什麼都不做。後來想想如果讓你整天因爲家裏的瑣事煩心，那麼，兩個人交流、成長的機會就少很多，覺得這樣很不好，所以也就什麼都沒有說。」

一個女人照顧家庭的方式有很多種。不過，大多數女人都是爲了家庭其他成員而無私奉獻，因爲照顧他們的生活起居而「自我欣慰」，而那些爲了家庭發展的女人則會規劃、安排家庭成員的生活。大多數女人經常包攬主婦所有的課程，而後者則是從家庭所有成員的發展上，規劃生活，享受生活。所以，我們總會聽到人們對前者的評價「她過得很辛苦」，而對後者評價則是「她嫁了一個好老公，過得很舒適」。

其實一個女人的幸福與否完全靠自己來把握，那些喜歡搶著做粗活的女人雖然可以得到別人的「讚賞」，但是因爲一輩子做粗活，絲毫沒有「好命」的痕跡，並且往往這些人總是被其他人「請來做事」，只是一句辛苦了，就算是「做事」的「報酬」。這樣的女人希望自己的勞苦可以有一天得到回報，但是事實並不是如此，因爲在生活的最初就爲自己定下了「勞苦」的定位，所以，苦盡甘來對於這些女人來說是很難實現的。

相反，那些對於粗活毫無興趣的女孩子，也就少了別人的一句「辛苦了」。但是這些女孩子卻有很多時間去做其他的事情，而這些事情對於粗活來說也許算不上什麼「苦」，不過卻可以讓一個女人得到另一方面的讚賞，比如溝通能力強，人際關係好。而在適當的時間，這樣的女人會得到更多的「報酬」，而不僅僅是一句「辛苦了」。比如，上司的提拔，客戶的肯定，以及朋友的照顧。這樣的女孩子也因爲見多識廣，認識成功人士的機會也就更多，嫁一個好男人的機會也就更高一些。

如果你是二十幾歲的女孩，千萬不要因爲自己能夠「辛苦」，而讓自己的「公主手」成爲「侍女手」，這樣你的命運就走向了侍女。如果你把自己保養得像公主一樣，加上具有侍女的雙腳般的勤快，那麼你也就有了公主命。

所以，二十幾歲的女孩子不要抱怨命運不公，因爲公主是用大腦生活的，侍女則是用身體生活。用大腦生活才知道什麼是自己想要的，而用身體生活，那麼只能因爲辛苦而不停地抱怨。所以，年輕的女孩從明天開始打理自己的公主手和侍女腳吧！

24 年輕時，你可以選擇自己喜歡的生活方式

年輕，帶給了我們最大的自由。因爲經濟的獨立擺脫了父母的嘮叨，因爲年輕的身體，可以去自己想去的地方，因爲沒有結婚或者沒有生小孩，所以不會因爲家庭的牽絆而失去時間。但是一旦走過年輕，那麼這些條件都不復存在了，所以，女孩們，在你年輕的時候，爲什麼不去選擇自己喜歡的生活呢？

不知道有多少年輕的女人在過著這樣的生活：上班、下班、逛街、通宵熬夜。因爲職場的爾虞我詐而厭煩；因爲買不到自己喜歡的一件衣服而懊惱；因爲薪水雖然漲了很多，但是仍然覺得自己是個窮人而覺得生活沒有意義；因爲放假不知道自己要去哪裡，而在家裏患得患失……總結起來，雖然自己擁有了很多，仍然覺得自己心裏有塡不滿的欠缺。不過，有的女孩子卻不會這樣，儘管她們沒有很高的薪水，卻並不覺得自己貧

窮，只要自己在陽光下可以唱一首自己喜歡的歌，她們就覺得很幸福；不去逛街，一樣也會覺得自己的衣服很時尚；不去夜店通宵達旦，和某個朋友聊聊近況也很盡興。

爲什麼這些女孩子可以這樣享受人生呢？很簡單，她們選擇了自己喜歡的生活方式，她們的生活不是給別人看的，而是自己過的。

對於年輕人來說，選擇自己喜歡的生活方式要比其他年齡階段容易得多，但是能夠真正做到的就很少了，所以我們看到的總是對生活抱怨的年輕女孩。人生本來就是一種選擇，在你最美好的時候，爲什麼要過讓自己不開心的日子呢？當然，在每個選擇背後，都會有代價，年輕女孩相對男孩來說，受的限制也就更多，所以，年輕女孩子想要自己的生活，那就要拿出對生活的渴望和勇氣。

每個女孩子追求的都不同，或是樸素或是奢華，但是什麼是自己最喜歡的呢？一個女人到了三十歲，曾經的追求都會因爲理智而慢慢平靜下來，自己也開始審視什麼是自己最需要的生活。女人從二十到三十，不只是時間的變化，還有對幸福，對生活的體驗的沉澱。當然，如果二十歲的你就明白什麼是自己最想要的，自然也就不要浪費十年時間讓自己的幸福遠離，因爲，並不是每個女人到了三十歲都可以有勇氣去改變現在的自己，而在你二十歲的時候，那種銳氣和生機則是你選擇自己生活的最好助手。所以，年輕的女孩，當你因爲現在的生活而煩惱的時候，去認真地審視一下它吧！

4
Chapter
年輕女孩
要懂的十條
戀愛「軍規」

25 男人不是救世主，女人不是泥娃娃

如果男人是一棵橡樹，女人不是一棵依附在男人身上的凌霄花，而是一棵和男人一樣去迎接陽光、甘露、風霜、雨雪的木棉。這就是新時代的女人，她們不需要依賴男人而生活。

但是，當今的許多女孩子的愛情並不是這樣，她們總是用崇拜的眼光來看待自己的男人，她們眼裏的男人就像神一樣不可企及，也因此，這個男人幾乎成爲她的精神世界的支柱，在她看來，這個男人可以擺平一切生活的羈絆。而相對自己的男人，自己也就渺小得可憐了。

這樣的愛情是很可悲的，如果一個女孩子總在男人的身下庇蔭，雖然可以受到某種程度的保護，但是如果男人離開，自己又依靠什麼生活呢？即使男人沒有離開，他同樣會有自己的不足，同樣會出現失敗和彷徨，這時尋求庇蔭的女孩子能爲她的男人做什麼呢？

有一個男孩非常愛一個女孩，在他的眼裏，這個女孩是那麼的純潔善良，就像天使

一樣。而這個女孩也很愛這個男孩子，在她眼裏，只要這個男孩想要做到的事，沒有不能達到的。當這個女孩大學畢業時，這個男孩已經創立了自己的公司，而且生意很好。所以，女孩畢業後，男孩讓女孩待在自己的身邊，沒有讓她去找工作，不久他們結婚了，生活很美滿。

這樣的幸福的生活持續了三年。直到有一天，女孩子正在家裏澆花時，男孩的公司來人告訴女孩，總經理出車禍了。女孩聽到後，因爲極度傷心暈倒了。當她醒來發現自己在醫院裏，她急忙去找醫生，從醫生嘴裏得知，男孩生命雖然保住了，但是卻因爲嚴重的撞擊，腦神經受傷，成爲植物人。因爲男孩不能工作，女孩又沒有任何工作能力，他的公司很快倒閉破產了。住院的醫藥費十分昂貴，女孩不得不變賣了豪宅，住進了很差的房子。

生活到處都離不開錢，女孩不得不四處找工作，但是因爲沒有工作經驗和醫藥費的昂貴，經過了幾個月女孩也沒有找到滿意的工作。最後，女孩開始出賣自己的身體賺錢。一年過去了，男孩沒有清醒，兩年、三年過去了，男孩還沒有清醒。女孩已經對男孩的清醒絕望了，而自己的生活也更加墮落。不過，有一天，女孩依舊像往常一樣去看男孩子，醫生告訴女孩男孩子清醒了。聽到這個消息，女孩並不覺得高興，而是大哭起來，然後，把一個存摺交給醫生，讓他轉交給男孩，自己走了。

看到這裏，你可能會覺得女孩很可悲，也很傻，為什麼非要用自己的身體去掙錢呢？是的，女人為了愛情可以奉獻自己的一切，而這個女孩因為男孩的庇護，已經失去了為男人掙高額醫藥費的能力，除了奉獻自己沒有他法。

其實，最初男孩的愛就帶有太強的「救世」色彩，以為可以給女孩自由的生活。但是，他忘記了自己不是上帝，當自己垮下來的時候，也是女孩痛苦的開始，從根本上說，是他讓自己的女人成為泥娃娃，不堪一擊，也是他讓女孩走上了一條不能回頭的路。

年輕的女孩，也許你的男人因為很愛你，而極力地保護你，讓你不受任何的傷害。但是不要因為這點保護而忘記了保護下的隱患。找到這樣愛你的男人和有能力保護你的男人是一種幸福，但是一定要記得，無論是哪個人來保護你，都沒有自己保護自己來得實在。

所以，一個年輕的女孩不要總是幻想自己躲在一個能像天神般的男人身下，這只能害了自己。而是要自己多多努力，雖然自己不去做女強人，但是也要可以撐起愛情和婚姻的半邊天，這樣，生活才會更有保證，不會因為男人的「苦命」，而讓自己更加「苦命」。

26 真愛從來都不是等來的

許多女孩子都會天真地認爲，如果我一直對他很好，那麼他就會愛上我。但是事實上，這種現象很少發生，一個男人愛一個女人，爲什麼非要時間來衡量呢？愛情不是感動，不是憐憫。而一個好男人並不會因爲一個女人可以長時間爲自己付出，而放棄自己的愛情。

爲了找到那份真愛，也許你在佛前苦苦求了幾千年，最後你終於和他見面了，但是此時的他，心裏有了別的女人。而在佛前的幾千年，你浪費了多少光陰來尋找自己愛的那個男人。在這個燈紅酒綠的年代，就算曾經一個男人對你有著真愛，如果你沒有把握住，他依舊會飛向其他女人的懷抱。多變的人生，早就讓人們心中存在的點滴真愛被消磨得一無是處。你可以肯定你和他之間的愛情可以經受年齡、學歷、背景的阻礙嗎？你相信時間、空間、等待、沉默對你們之間的愛情沒有影響嗎？如果你的回答是「不會」，那麼你可以自己慶祝一下了，因爲你的心中還有一份保留真愛的空間。你還可以去尋找自己的那份真愛。

女孩子都希望在自己的生命中遇到一個好男人，但是爲了這個好男人，等待是最愚蠢的做法。

當你在祈禱下一個路口自己會遇到一個好男人時，在上一個路口，這個好男人就被許多美女「打劫」了，所以，許多女孩子總是抱怨，爲什麼我看上的好男人都已經「名草有主」？

很顯然，優秀的男人哪個女人不愛呢？你想像自己的那一位是既帥氣又有錢，還是待人有禮的紳士，這樣的男人就算被你打著燈籠找到了，很可能在你「下手」之前也成爲了別人的男人。

値得注意的是，好男人有自己的成長歷程，沒有一個男孩天生就是一個好男人，天生就懂得照顧女人，懂得養家糊口，懂得調情示愛。而每個好男人的成長階段都是由一個或者是幾個女孩來塑造。所以，人們常說，談戀愛，而不是說戀愛。談的階段就是一個好男人成長的階段，他們開始懂得如何去愛一個人，懂得如何對付女朋友的小任性，懂得如何爲自己的女朋友創造浪漫，最終和自己相愛的女人結婚成家，背負一個男人的責任。

男人這個成長的過程是需要女人的，女人的刁鑽任性告訴他一個男人要大度，女人想要到月亮上去見證愛情，告訴他如何去浪漫，女人的一絲體貼和奉獻讓他明白，自己要給予女人她想要的溫暖。但是，許多女孩子卻忘記了男人這個成長過程，她們只想等待男人成熟的那一天，使得她們可以在成熟的麥田找到最大的麥穗，在成熟的桃子樹上摘到最完美的桃子，而園丁就讓別人去做吧！但是這種「搶來」的愛情真的會保留長遠嗎？一個男人可以背棄最初的愛人，爲什麼他會堅持愛著你？

當然，做園丁的女孩子還是很多的，這些女孩子不會等待一個好男人，而是去創造一個好男人。不過，當一個好男人出爐的時候，千萬不要忘記讓他繼續保留對自己的真愛。因爲在某種程度上來說，你和其他的女人地位是一致的，你培育的好男人此時的眼光更挑剔，你還是他心裏的那個嫵媚多情的園丁嗎？

如果你仍像以前一樣，以爲塑造了一個好男人，就等那個男人來愛你，你就大錯特錯了。此時的你，更要用自己的「誘惑」來讓你的男人死心塌地地愛你。而相對那些「打劫者」來說，你有著得天獨厚的優勢，你可以這樣做：

打造你和他共同的快樂的事情

生活是「五味俱全」的，而快樂是拉近心靈最佳的方式。如果你和他有共同的時間一起快樂，那麼你們在分享生活幸福的同時，心靈也更加接近了。一起歡笑可以洗滌過去你們不快的塵埃，會讓他感受曾經的心靈悸動——真愛。

浪漫的時間

當兩個人在一起時，因爲熟悉，大家也都放下了最初的面紗，也不再去刻意地爲對方創造浪漫，而浪漫的時間是真愛生存的土壤。當浪漫沒有了，真愛在兩個人中間也就慢慢消失了。此時，你需要和他一起去品嘗一道風味獨特的小菜，一起去聽一場音樂會，一起去放風箏，一起騎自行車到野外旅遊。這些浪漫的時間，會讓你們感受浪漫的二人世界。

適當地「吃醋」

一個女人適當的嫉妒會滿足一個男人的虛榮心，可以證明你對他的愛情。而如果一個不懂得嫉妒的女人，就像一個拍不起來的皮球，乏味不堪。所以，女人適當地吃醋吧，這樣才能讓那些總是在糖罐中的男人感受你的可愛。

當然，千萬不要因爲嫉妒而猜疑你的愛人，這只能扼殺彼此的愛。無中生有的過分嫉妒會讓一個男人十分惱火，而你的嫉妒也就成爲雙方分手的工具。

打情罵俏

愛情是神聖的，但是表達愛情的方式卻有很多種。如果你們之間的愛情多是莊重嚴肅的，不妨來點別的「調料」，這樣你們的愛情才會更充實，更完滿。也許幾個花言巧語就可以點燃情欲的火苗。

總結來說，無論你用什麼方式來「誘惑」你的男人，都要比等待要來得可靠。

27 判斷男人是否墜入愛河的十種方式

愛情，讓本來屬於兩個星球的男人和女人走在了一起。面對來自另外一個星球的男人對你說「我愛你！」時，你是不是早就已經心花怒放了呢？

先不要高興太早，看一個男人是不是愛你，可不是僅僅表現在嘴上，因爲對於某些男人來說，「我愛你」就像把一口唾液吐到地上那麼容易，說這句話之前，他們也從來沒有打算爲自己的愛負責。

所以，準確判斷他是不是真的愛上你，就很有必要了，下面是十種小方法，你可以拿來試一試：

方法一：尊重你和你的家人、朋友

墜入愛河的男人不會嘲笑你的興趣，他會尊重你的工作、興趣和愛好。比如，你喜歡看電影，理工出身的他根本對電影沒有興趣也會陪你看完那一兩個小時。而所謂的「男人最煩陪女人逛街」，在他身上是不存在的，只要你打電話過去，他會樂此不疲。當然，結婚的男人往往很討厭逛街，大概就是因爲戀愛的時候，嘗盡了「逛街」之苦。當然，他對於你的家人和朋友也是很尊重的，甚至會對他們顯得「格外賣力」，很簡單，他是想讓你的朋友家人都認可他。

方法二：隨時讓你找到他

如果一個男人真的愛你，他的手機會爲你廿四小時開機，因爲他愛你，所以會時時擔心你，害怕你有什麼事情，需要他的幫助。當然，更大的原因是他想念你，希望聽到你的聲音。當然，對於他的日常行程他也會三番兩次地告訴你，以防「你把他弄丟了」。

方法三：允許你進入他的生活

如果這個男人說了我愛你，但是卻不讓你進入他的空間，比如讓你在他的房間保存

一些你的用品，那麼他就是在說謊。當然，如果這個男人同意的話，你就知道這個傢伙肯定是愛上你了，他希望你和他擁有共同的生活空間，甚至，爲了你，他會改變一下自己的房間風格，讓房間溫馨一些，而不是原來的那種純男性房間。

他還會帶著你去見他所有的朋友，也會很自豪地把你介紹給他的朋友和同事。雖然他希望你能進入他的社交圈子，但是他卻不會對你提出這樣的要求。

方法四：用行動告訴別人他愛你

「我愛你」不是掛在嘴邊的，很多是行動表現出來的。如果在他的同學聚會上、家庭晚宴上，他用行動自豪地告訴他們，你是他最愛的女人，比如，爲你擋掉同學的酒。有你在身邊，他會覺得很驕傲，無論你是不是一個很優秀的女孩子。

方法五：他的時間大部分都是你的

如果一個男人除了工作之外有大把的時間，但是，他卻沒有和你在一起，那麼無論他找出什麼藉口，都不要相信他。因爲一個愛你的男人會時時刻刻都想看見你。當然，這不是說，他只和你在一起，偶爾他也會和朋友聚會。

方法六：為你付出

一個男人愛你，但是卻連一頓晚飯都要斤斤計較，連每次約會自己花的錢都算得一清二楚，並告訴你他花了很多錢。千萬不要相信他愛你。因爲如果一個男人真的愛你，他會毫不吝嗇地爲你付出，無論物質還是精神。當然，這不是說，女孩子就要男孩子的付出，而是通過這點認識你的男人。

方法七：寵愛你

如果一個男人願意做一些不符合自己本性的事情，來讓你高興，那麼顯然他已經愛上你了。比如，當你很任性發洩的時候，他不會罵你，而是會很委屈地說：「老婆，我又做錯了嗎？」他還會告訴你，「我以後一定改，只要你不生氣，因爲生氣對身體不好。」

方法八：不在乎別人的看法

我們總會看到有些男人會因爲父母的不同意而拒絕和女朋友交往。這樣的男人不要也罷，因爲要是他真的愛你的話，會向他的父母爭取你們的幸福，而不是讓你一個人承擔，所以，當一個男人十分在意父母、朋友的對你的看法時，表示他並不是很愛你。所

謂「情人眼裏出西施」，愛你的男人認爲你是很完美的，不會因爲別人的不認可就會放棄你。

方法九：在你的面前沒秘密

愛你的男人會告訴你他的一切，包括他的高興和煩惱，成功和失敗。當你的男人只是在你面前表示他的一面，就要注意了，因爲他的心並沒有完全向你敞開。

方法十：兌現承諾

不愛你的男人只會用嘴巴說話，但是愛你的男人會用實際行動兌現他對你的一個個承諾。他希望用這些承諾來讓你高興，而不是通過嘴巴來討好。他要告訴你，他是一個值得信賴的男人，你可以放心去愛他。

當出現這些細節，證明他已不再愛你

據統計，當男人不愛女人，想和女分手時，百分之六十三的人會不跟她聯絡，自動「消失」；百分之十四會跟別的女人交往，讓她知難而退；而百分之十會直接說出來，剩下兩種則是冷漠她，讓她「心寒而死」和大吵一架，借機分手。

所以，女孩子千萬不要做「智商爲零」的戀愛女人，這樣會讓你失去對事物的判斷力。很多時候，一個男人在外面早就已經「腥風血雨」了，但是家裏仍然「風平浪靜」，爲什麼？因爲戀愛讓女人「白癡」，很容易耳不聰目不明。所以，年輕的女孩子一定要保持清醒的頭腦，當對方出現了下面八個「風吹草動」時，就要考慮自己是要抓緊愛人，還是要和他「清賬」……

細節一：無緣無故地從你面前消失

男人愛你，會告訴你他的行蹤，但是如果他不愛你，那麼也就不會告訴你他的行蹤了。甚至他開始拒絕和你聯繫，原來熱戀的時候可以廿四小時爲你開機，但是不愛你的

時候，換了新號碼也不告訴你。所以，當你的愛情關機時，當你的愛人單飛時，就要小心了，因爲他的心已變。準備去別處尋找愛情了。

細節二：無緣無故地發脾氣

一個男人不愛你的時候，不會寵你，不會因爲你的小脾氣而說對不起，反而會對你發脾氣，說你小心眼，不跟你見識等等。如果兩個人打鬧的話，他的下手會很「狠」，根本不當你是個女孩子。可能那時他對你已經沒有愛，只有恨了。

細節三：他很忙

原來的時候，不論他多忙都會給你打電話，但是現在，只要你打電話，他就會說他很忙，還沒有一句安慰的話，有時候他會說，我不忙的時候會馬上給你打電話，但是你在電話那邊「等得花兒也謝了」，電話還是沒有打來。所以，當一個男人總是對你說他很忙的時候，你就要「識趣」，瀟灑走開，不帶走一片雲彩。

細節四：「心不在焉」

當你的那位總是聽著你的前半句話，卻記不得後半句時，你就要注意了，他這種心

不在焉，可能是因爲他不愛你了。如果他愛你，不論是你說話，還是不說話，他都會注意你，從你的表情中讀出你想說的話。

而現在，就算你把雷公喊來，他還是那樣「聾」！說句不好聽的，他很可能是「身在曹營心在漢」！

細節五：不再關注你的變化

如果有一天，你的男人不再關注你的髮型、衣服、小配飾、化妝，那麼，他眼裏的唯一已經不是你了，他很可能去關注新的東西。

當然，你的憔悴、憂傷、病痛在他眼裏也是無關緊要的了。所以，當一個男人不再關心你的時候，就不要再去這個男人身邊周旋了，因爲愛情已走，你何必「美人獨自憂嘆」呢？

細節六：總是你「主動」親熱

不知什麼時候開始，你的好身材，你的細膩肌膚，他都不喜歡去「親熱」。而當你去碰他的腿，觸摸他的手時，他也都是沒有太大表示，那麼表示，這個男人真的要離開了，當然，你也就不要在這樣一個男人身上花費自己的時間了。

細節七：不再跟你規劃「未來」

如果兩個人沒有了規劃未來，那麼這兩個人也就沒有了未來。連續幾個月，他都對你們的「未來」忽視，即使你提起，他也心不在焉，閃爍其詞。這就說明他的未來裏已經沒有了你，自然你也就不要再浪費自己的腦細胞、感情跟財力了。

細節八：不讓你加入他的社交圈

原來他總是帶你去見他的家人朋友，但是現在，他卻對他的家人、朋友不再提及你，那表示他在漸漸讓你退出他的生活，現在你要考慮要不要清理這個「寄居者」。

29 給他糖，但一次最多只給一顆

一個男人和你談戀愛的感覺有時候就像看電視劇。看電視劇的時候，每天播兩集，很多人都會在第二天的時間去等待電視的開播，因爲他們心裏惦記著明天劇情會發展到

哪裡，雖然吊胃口，但是總會讓人情不自禁地去想。

即使中間加播廣告，人們還是會耐心等待廣告結束的那一刻。同樣，你給予男人的感覺也應該和電視劇一樣，每次只讓他知道一點點，這樣就會吊起男人的胃口，天天想著下面的「劇情」。

但是，如果你一股腦把所有的「劇情」都告訴他，那麼就像你給了他一張完整的電視劇光碟，裏面沒有了廣告，也不用去等待，他看起來反倒會出現厭煩的感覺，從快進某個情節到快進到下一集，甚至看到中間，就急於知道結局，當然他可以如願以償地知道結局，但是，他還會有當初的激情嗎？

無論是什麼好東西，一次給多了都不好，戀愛也是如此。如果你的愛情是糖，一次只給男人一顆，那麼他就總會想起糖的甜蜜，但是如果你給了他一百顆，這個男人恐怕要被你的糖甜到發酸，發膩，以至想到你就會心裏發慌，自然見到你就會逃之夭夭了。

說白了，和一個男人談戀愛始終都要保持你的一點神秘感，每個人都有一種瞭解真實的欲望，而這種欲望就成爲你讓他著迷的契機。

無論你是剛剛戀愛，還是正在熱戀中，這點神秘感都是不可或缺的，下面是保持神秘感的幾個絕招：

總是在某個時間道別

還記得《灰姑娘》中的那個午夜十二點的門禁嗎？正當王子與灰姑娘跳舞十分高興的時候，灰姑娘就要逃走了，因爲過了午夜十二點，她就得回到那個不起眼的女孩子。這舉動讓王子十分驚訝，自然就會想：爲什麼這個漂亮的小姐十二點就要急忙離去。於是，聰明的王子留住了灰姑娘腳上所穿的水晶鞋。光是這點神秘感就吊極了王子的胃口，自然神秘的本身——灰姑娘也就成爲了王子的「夢中情人」。

所以，你也可以學學灰姑娘，總是在同一個場所，同一時間和他說再見，那麼，這就會讓他感到你的神秘。

自己的事情不要說太多

許多女孩子愛上一個男孩子，就會把自己所有的事情都告訴他，認爲這樣雙方沒有了秘密，也就沒有了間隔。但是真的是這樣嗎？其實不是的，當一個女孩子把自己的所有事情全都說出來，甚至不問就托盤而出，那麼男孩子也就不會想方設法地想去瞭解她了。所以，你可以故意不說自己某方面的事情，時間長了他就會覺得奇怪，當他問起時，你可以故作驚訝：「我沒有告訴你嗎？」

❀不讓他送到家門口

當你們約會後，一般的時候他都會送你回家。這時候，你可以告訴他送你到某個車站或者是某個巷口就可以，記得不要說出理由。當然，時間長了，你可以告訴他理由，譬如，爸爸媽媽覺得自己年紀小，不讓你談戀愛。但是，也不能一直讓他不知道你的家在哪裡，這樣也不大好，當你覺得胃口已經吊得差不多就告訴他，因爲沒有人喜歡總是被吊著胃口，如果過火了，他不想知道你的家在哪兒，再去告訴他就遲了。

❀找幾個獨特的小習慣

有個男孩子想追一個女孩子，但是那個女孩子一直都對他不「感冒」，因爲這個男孩子既不會花言巧語，也不會製造浪漫，並且平時也沒有獨特的表現。但是最終，這個女孩子卻和這個男孩子在一起了。爲什麼呢？因爲男孩子在與女孩子單獨喝咖啡時，總是對服務生說：「小姐，我的咖啡加鹽，不加糖。」這一下子就吸引了女孩子的好奇心。男孩子只說自己習慣這樣喝而已。

同樣，女孩子吸引男孩子也是如此，這些生活的小驚奇，總會讓人們體味到莫名的悸動。當然，記得不要過火，也不要是那些不好的小習慣。

一個女孩如果想要讓自己神秘起來的方法是很多的，但是記住一點，不要讓男人因爲你的這些小神秘而倒胃口，這同樣會讓他乏味的。你只要保持你們之間的愛情溫度適度就可以了，這樣愛情才會像煲出的湯一樣經久而彌香。

30 不要讓一個男人傷害你兩次

如果你原來的男友打電話問你，最近過得好不好，一定要說好。因爲現在的你，沒有了他的傷害，所以再不會整天因爲他流淚傷心。如果他想對之前傷害你的事情而道歉，那麼你一定要接受，但是記得要說，我現在單身很快樂。言外之意是，我並不想吃回頭草。

要知道，一個女人讓一個男人傷害過一次，是因爲女人的天真和善良；但是如果再次被這個男人傷害，那麼就是自己的愚蠢。聰明的女人只會在一個地方摔一跤，不會摔第二次。聰明的女人知道如果這個男人真的愛你，那麼就不會狠心地傷害你，如果真的傷害了你，那麼就不會輕易地和你說「我們和好吧！」，因爲他連自己那關都很難過

得去。當你和一個男孩子分手，最好不要去回頭看，即使你們曾經有過山盟海誓，那也是曾經，而不是現在。不要相信男人說，「我一生只愛過你，和別人只是遊戲而已」。既然他可以和別人遊戲，爲什麼就不會和你遊戲呢？即使真的不是和你遊戲，在你們背後，有多少姐妹的眼睛「毒殺」你？爲什麼這個男人犯下的錯誤，讓你的愛情來承擔？

女人愛吃回頭草，多半是因爲自己的自卑，因爲不相信自己可以找到這樣好的男人。這樣的女人都喜歡依靠男人，認爲有了男人就有了一切，自然，沒有了男人也就沒有了一切，正因爲這樣，所以在愛情中，不是做老老實實的廚娘，就是做嫉妒心強的「烈女」，妄想用繩子捆住男人，而不是用自己的魅力吸引男人。等到男人掙脫了繩子，跑得比兔子還快！一個美麗自信的女人知道，即使自己的愛情多麼美好，那只是過去式。分手了，她可以有更多的時間整理自己，她可以去找回因爲愛情犧牲的時間和愛好，哪有那麼多時間來體會過去愛情的美好？

懂得生活的女人明白，生活誰離開誰都可以活。與其自己受到別人的感情壓迫，不如自己去尋找自己的幸福。所以她們從來不會拿曾經的愛當做藉口來傷害自己，也不會在一棵樹上吊死。她知道機會需要自己尋找。時間很寶貴，知己難尋，愛人更是難尋，世上沒有最完美的結合，但是卻又有共同努力地結合，也有共同努力的幸福。既然別人已經背離原來的軌道，和你成爲陌路人，那麼只能說明你們志不同，道不合，自然也就不相與謀。

男人不會變得這樣快，可以今天說不愛你，明天又說愛上你，其實本身他就沒有弄清楚自己是不是愛你，而你爲什麼非要去爲一個混沌的男人而傷害自己呢？如果你打算吃回頭草，那麼一定是要雙方經過了沉澱，想清楚了分手的理由，如果是因爲你不能接受他的惡習而分手，那麼建議你不要附和，否則，他即使可以忍住一時的毛病，也忍不住一世的毛病，想要用結婚來威脅他，只是你天真的想法，最終只能讓你更加傷心。最好做一個不後悔的女人，否則，你很可能會是一個二次後悔的女人。記住：愛情雖然可以浪漫，但是，愛情不是盲目和愚蠢！

你不是一個可以用錢擺平的女孩

有這樣一個關於金錢的小故事。一個男人問一個女孩子，如果我給你一千，你會不會和我在一起？女孩子搖頭。男人又問，如果我給你一萬呢？女孩子還是搖頭。男人繼續問，如果我給你一百萬呢？女孩子有些遲疑了，男人依舊向上加價，當金額到達五百

萬的時候，女孩子點頭了。但是男人卻大笑起來，並沒有和女孩子在一起，因爲在他看來，因爲一千和自己交往的女孩子和因爲五百萬和自己交往的女孩子並沒有什麼區別，都只是錢的奴隸而已。而一個女孩子今天可以成爲五百萬的奴隸來犧牲自己，明天就可以因爲一千萬來出賣自己。

的確，金錢對於年輕的女孩有很大的作用，有了錢，就可以買漂亮的衣服，可以買名貴的化妝品，可以把自己打扮得風情萬種。但是這樣的女孩無論外表多麼美麗，脫去了華麗的外衣，裏面也都是一文不值的。雖說如此，這種拜金的女孩並不在少數，爲了金錢，她們會用身體換一時的虛榮，不過虛榮過後，自尊心卻受到了嚴重的創傷，並且生活中沒有哪劑藥可以治好這種創傷，所謂覆水難收，當女孩子一次因爲金錢而沉浮，那麼就代表以後她永遠會因爲金錢而沉浮。對於男人來說，他們需要這樣的女孩子來塡補內心的空虛，但是他們卻不會讓這樣的一個女孩子成爲自己的愛人。

當一個女孩子用金錢就可以擺平時，她的自身也就失去了價値。年輕的女孩子不能太向錢看。一個男人亮出鈔票就像一隻孔雀亮出羽毛，你可以因爲羽毛的美麗而感嘆，但是你不能因爲羽毛的美麗而喪失自己。

是的，每個女孩都想找一個有錢、帥氣又愛自己的男人，但是並不是每個有錢的男人都是值得你託付的對象。一個男人再有錢，錢也只是他的附加品，主體仍是這個男

人。一個女人嫁的是人，而不是錢。如果你千挑萬挑，最後把一堆鈔票領回家，而自己的男人卻在外面尋歡作樂，那是多麼可笑而又可悲的事情！

所以，年輕的你不要因為嫁人而嫁人，更不能拿著自己後半生的幸福開玩笑，不然你只能是嫁給一堆金錢的「苦命女」。冷了，沒有人溫暖，累了沒有人關心，房子很大但是很空曠，朋友很多，卻都是衝著你是某某人的妻子而來。要知道，金屋中不僅會藏著嬌娘，還會藏著怨婦。

32 不要用身體來承諾愛情

很久以前，古人就提出了「食色性也」，由此可見，性對於男人來說是很重要的。但是，這不是說，女人用性愛就可以得到男性，因為很簡單，男人不只是「食色」的動物，他們還有感情，還是「食情」的動物，他們還有愛情在那裏把關自己的另一半。

如果你是一個年輕的女孩子，你的媽媽也許告訴過你：

「寶貝，男人都是色鬼，所以，你一定要小心，不要讓他吻你的唇，否則你像玫

瑰花瓣一樣的唇，馬上就會枯萎；不要讓他摸你的胸部，否則你水晶瓶一樣的胸部就會被碰碎；不要讓他碰你的私處，否則你像火爐一樣的私處會把一切都烤壞，包括你自己。」

也許，你並不在意媽媽說的話，你是那麼愛這個男人，而他又是那麼想得到你的更多滿足。當然，最後你會把自己的一切都交給他，但是，那得等你是他的愛人和妻子的時候。當這一切都是未知，還沒有確定的時候，女孩子就不能去滿足一個男人一切的願望，更不能用自己的性來獲取男人的愛情。

也許你以爲，你把自己給了那個男人，那個男人得到了滿足，就可以對你好，奉獻他的愛。你錯了，沒有一個男人會這樣想，這只是你的一廂情願罷了。

所以，那些企圖用性愛來獲得愛情的女孩子，是最愚蠢的，當然也是最可憐的！因爲最終的結果是，男人找到了自己的愛情，也結束了自己與「性伴侶」的關係。到了這個時候，女孩子最終只是傷害了自己而已。

當然，有時候，男孩子暫時找不到愛情，女孩子也會成爲男孩子的愛人。但是男人的愛情跟著性走，那麼，婚後他也很可能因爲「性」而背叛你。並且，如果男人很輕而易舉的得到一個女孩子的性愛，也會讓男人覺得這個女孩子沒有「價値」。

所以，當你確定你要和這個男人走下去，就要讓他愛上你的人，尤其是你的心靈，

然後，才是你的全部身心，而不只是迷戀你的肉體。而當你沒有確定他忠於你的心靈時，那麼就不要犧牲自己的身體，當你的身體沒有了，他怎麼還會去欣賞你的心靈，怎麼會愛上你呢？

當一個男人只想得到你的身體的時候，無論你多麼愛他，都要理智下來，因為這個男人是不值得愛的，你更不能把自己的暗示、撒嬌等錯誤資訊傳達給男人，不然，很可能會發生不愉快的事情。你要做的是，無論這個男人是多麼「信口雌黃」，你都是拒絕，擺脫他！你需要告訴他：「請你把手拿開！」「請你自重」或者「如果你再這樣，我馬上離開！」不然，等到事後，你再去後悔已經晚了。

不要用你的身體來對男人承諾你的愛情，因為他們本身就沒有看重這份承諾，這只是他們一個想要滿足的藉口而已。

一個愛你的男人，不會做你不願意做的事。相反，一個不愛你的男人，才會不在意你的感受，說些這樣無聊的問題來考驗你，其實，只不過去達到他們的目的罷了。無論你是多麼愛這個男孩，即使你也確定這個男孩是愛你的，那也不要隨意地奉獻自己。要知道，當蘋果沒有成熟的時候，它是酸的，永遠也不會有甜蜜的味道。為什麼不等到蘋果熟了的時候，去享受它的美好呢？

33 女人必須學會對男人說的N句謊言

男人總是不明白女人在想什麼，爲什麼自己的老媽明明是善良可親的，在她眼裏就成了一個「尖酸刻薄的」婆婆。爲什麼明明是想要我送花給她，但是卻總是說：「我不喜歡鮮花，只是看看。」但是，自己的手裏要是沒有鮮花，她的臉上肯定烏雲密佈。其實，女人自己最知道這些，因此，才會編出許多謊言。當然，有的謊言還是很必要的，如果你想讓你的先生輕鬆一點的話，那麼就不要做個實在的「婆娘」，其實誇一誇有什麼呢？

「你是最棒的！」

男人心裏永遠渴望女人的承認，無論是他成功的時候，還是失敗的時候。女人的認可會讓男人有更大的信心迎接挑戰。至於他到底是不是最棒的，那有什麼關係呢？男人有自己的事業心，有自己的大男人主義，爲什麼不滿足一下他呢？

我不會讓你有任何改變

女人說這句話的時候，都是違心的，誰希望自己的男人總是一副煙鬼和酒鬼的樣子？女人可以現在說，喜歡他略鼓的啤酒肚，喜歡他身上的煙草味。但是時間久了，女人還是會對男人說，少喝點，少抽點，對身體不好！當然這沒有什麼，因爲女人是心疼男人，既然對身體不好，自然要勸告了。

我願意幫你收拾殘局

對於男人來說，娶到一個溫柔賢慧能幹的女人是他們最大的幸福了。他們可以擺脫髒兮兮的衣服和亂糟糟的房間。女人在最初的時候，要學會主動幫助男人收拾他的屋子，當男人的屋子因你而煥然一新時，就要教他如何去養成乾淨衛生的習慣。有一天，男人會發現，原來自己也會洗碗、洗衣服、收拾屋子等家務，女人的工作也就結束了！

我喜歡你的朋友們

一群男人在一起能幹什麼？大口喝酒，大口嚼肉，然後指點江山，但是你喜歡嗎？是的，你不喜歡，但是你還是會給他面子，對著他的狐朋狗友笑著說，「謝謝你們對我家這位的關照啦！我先乾爲敬！」其實，你才不喜歡他們，你討厭酒氣熏天的感覺，你

討厭滿是男性話語的空間，但是你還是要給他面子。甚至當他對你說，我和我那幫哥兒們好久沒聚了，你要高興而熱情地對他說：「是呀，好長時間了，要不看看什麼時間有空聚一聚！」當然，你知道，你需要做的是繼續蠶食他們在一起的時間。

✿你家很好

未來的媳婦總要見公婆，第一次見到他家的時候，要化身「愛的使者」，和公婆閒聊，這是你當好媳婦的第一步。當他問你「覺得我家怎麼樣」，你就告訴他「你的家人我都很喜歡！」另外，送禮也是很重要的，生日節慶的禮物不可少。

✿你是對的

當你和男友聊天的時候，涉及那些男性比較擅長的地方時，不要和他爭執是你對了，而是要「假投降」，因爲男人在這點可不希望女人強於自己。時間長了，他自然會意識到自己是錯了，但是心知肚明就可以了，千萬不要去挖苦他！

✿我不介意你看別的女人

女人和男人一起逛街，女人看帥哥，男人看美女。女人看到美女，對男人說，「美

女！你看吧，我不介意！」男人扭頭，死盯著美女看，女人馬上就踹了男人一腳，「哪有這麼看人家的？」

你知道，讓他看，是給他面子。識相的男人知道，這是不能看的，要看也要說「沒我老婆漂亮！」是的，儘管你沒有沉魚落雁之色，閉月羞花之容，你卻希望男友的眼睛總是老老實實守候著你，從一而終。

✿我不在意你有多少銀子

女人說這話的時候，都是違心的。首先，男人本身就沒有錢，介意又怎麼樣？既然沒有錢，自己又跟人家再說「我很介意你窮！」既不讓自己男人安心，也讓自己下不來台。不過，女人會在以後的生活中對男人說，要勤奮，要努力，要賺錢買房、買車。行動勝於語言，女人怎麼可能不介意男人沒有錢呢？要知道女人早就看中了男人以後的「增值空間」，現在沒有，不代表以後沒有。當然，如果男人現在有錢，更不能這樣說了，因爲這會讓男人想「你是愛我，還是愛我的錢？」

✿親愛的，這種事每個人都會遇到

男人總會在一生中遭遇低潮，這時聰明體貼的女人會說「親愛的，這種事每個人都

會遇到的，「不要擔心」。無論他怎麼樣，女人和男人在一起，就要學會鼓勵男人，安慰男人。為男人的下一次加油。

當然，女人要說的「謊言」還是比較多的，但是你只要遵循一點：這是為了兩個人的共同幸福，並且有自己的主見！這樣，因為這些謊言，你的生活會很幸福！

34 這些男人越快甩掉越好

看遍天下的芸芸眾男，你是不是已經挑花了眼？明明自己摟著男孩子的胳膊，但是眼睛卻瞟著街上的某個帥哥，明明在花下和男孩子接吻，但是腦海裏卻說，要是和另一個他接吻有多好！

但是，無論如何你的身邊總是有一位陪著，你想過沒有：這個男孩子是不是真的可以帶給你幸福？如果不能給你帶來幸福，那麼還是越早甩掉越好，不然，他們可能是你準備賣掉的房子，但是最終卻爛在自己的手裏，只好自己去住了。那麼，哪些男孩子是這些高危險的地雷呢？

戀母情節的男人

這類男人即使長大成人，在心理上也會依賴母親。他們一般在小時候和母親接觸太多或者太缺乏父愛。這類人缺乏獨立意識，應變能力也比較差。做事時往往信心不足。順利時還好，但是一旦陷入困境，就會出現弱點，甚至會全線崩潰。

戀母的男人可以從外表和喜好上看出來，比如，喜歡穿質地柔軟的羊絨織物，愛竊竊私語，不喜歡運動，愛看電視劇，喜歡吃零食，甚至留長指甲。如果你的身邊是這種缺乏男子氣概的男人，那麼你快點離開他吧，因爲你不僅感覺他不像男人，也會覺得你越來越不像女人了。

不修邊幅的藝術家

這種男人非常有才華，具有豐富的想像力。他們的思想也跟普通人不太一樣，他們覺得自己獨一無二，行動與思想都非常另類。和這樣的男人生活在一起，你往往感到這並非真正的生活，而是一本虛幻的小說或電影，但是你發現改變他的想法比登天還難。因爲太陶醉於藝術創作之中，所以很容易忽略你的存在。想想你們以後的生活是這個樣子你可以接受嗎?當然，如果你也是一個藝術家，和他有著共通之處，思想也很合拍，

那問題就小多了。不過，如果你不是，建議你早點脫身。

「浪子」型的花心男人

這種人論相貌、論才情、論家世都相當不錯，但是當你和這個男人在一起，你就會被他的紅顏知己所爲難。因爲這種人本身就是流浪的，根本不介意自己有多少個女人，也不會有成家的念頭，也許，到最後可能會找一個人和自己走一生，但是那個和他在一起的人才是最可憐的，因爲這種生活只是徒有虛名而已。

如果你愛他，就做他的紅顏知己就好了，雙方都有一份超脫和自由。

太帥、太油腔滑調的男人

長得太帥的男人不能嫁，因爲這種男人叫多少女生寵壞了，你要是哪裡有做得不對的地方，他就會把你和以前的女生作個對比，就算嘴上不說，心裏也會想。另外，這種男生是天生的「誘惑」對象，和這樣的男人在一起，你總會擔心，自己是不是不久就要成爲他的前女友。

而油腔滑調、口蜜腹劍的男人，關鍵是太沒誠意。不過，女孩子就是喜歡這種。這種男人的紅粉知己也是很多的，當你們在一起你才會發現，這些很可能都是他的「女

膊對自己的朋友說，這是我男朋友，因爲他很可能害怕曝光，就此消失。

友」，或者「女朋友」，所以你可能也是其中之一。因此，千萬不要摟著這種男人的胳

太有錢和太沒錢的男人

和太有錢的男人戀愛會爲自己的「失業」擔心，和太沒錢的男人戀愛會爲兩個人的失業擔心。和富人在一起，會讓你有錢，但是你卻沒有了很多自由；和窮人在一起，你會爲他的「人窮志短」而痛苦。跟富有的男人在一起，女人會變成傻子，精神也會被抽空；和窮人在一起，兩個人都是傻子，或者「聰明的傻子」。

懶得出奇的男人

生活是兩個人的事，一個女人再厲害還是需要男人來幫忙。如果一個女人內外兼職，那麼男人也就沒有用了。男人可以懶一點，但是絕不能一直很懶，這只能讓女人成爲「洗碗機」「洗衣機」「拖布」和「購物車」……

你可以在自己做家務累得要死的時候，高興地看著那個男人躺在沙發上看電視嗎？

另外，還有一些男人需要注意，比如過分追求事業的、志大而才疏的、老實過頭、太大男人主義的，這些的都是你要排除的對象，否則很可能讓自己受害終身。

35 決定戀愛成敗的七個關鍵字

女孩子戀愛，除了那些極個別的「居心叵測」的人之外，很少有希望自己的戀愛就是分手，大多的女孩子還是希望自己可以和那個男人幸福地戀愛，然後走入婚姻的殿堂，最後白頭偕老共度此生。當然，這都是我們的美好期盼，但是現實生活中難免會出現分手的狀況。那麼，什麼決定了戀愛的成敗呢？在此，我們拋棄那些個別的案例，來找一些戀愛的「經典」真理：

害羞

也許你覺得害羞是屬於女孩子戀愛的工具，那就大錯特錯了，因爲男孩子戀愛也需要一份「害羞」，因爲，如果男孩子少了那份矜持，就會變成情場浪子，當然也不會讓你更加信任他了。作爲女孩子的你，對於害羞就要更加利用了，否則，讓男人把你看成是「情場女浪子」，那麼你所有的魅力都會蕩然無存，女人的害羞，需要「猶抱琵琶半遮面」，這樣，才會讓兩個人關係微妙起來。

理解

任何事情沒有理解都會成爲泡影。戀愛更是如此。女人的理解表現在「蕙質蘭心」上，這樣的女人可以讀透男人的心理，只有讀懂了男人的心理，才會去理解男人。千金易得，知己難求，而一個生活中的紅粉知己更是難得了，想想，如果你是這樣的女人，哪個男人不把你當做他的寶呢？

包容

嫉妒爲什麼是「女」字旁，除了男人對女人的歧視之外，還有女人自身的原因。嫉妒是女人身上的「魔鬼」，即使一個再優秀的女人，如果過度嫉妒的話，都會讓男人「望而生畏」，怎麼可能和你在一起呢？記住，沒有十全十美的戀人，只有你懂得包容對方的缺點，幫助他改正，才能讓你的愛情更加美好。

吃醋

如果你的愛人從來沒有吃過你的醋，那麼想必你也不大滿意。戀愛的時候，吃點醋是很好的愛情加速劑，這會讓你的男朋友覺得你更愛他。不過，千萬不要醋勁太大，這也會讓他受不了，如果因爲戀愛，你都不讓他和女性交往了，那他肯定會離你而去！

撒嬌

會撒嬌的女人是個寶，因爲女人會撒嬌，男人才會覺得自己更像男人。有時候，你會發現男人也會撒嬌，那時的他們就像是個小男孩一樣，需要你去安慰愛撫，其實這有什麼不可以呢？

當然，不要把撒嬌當做任性，這樣就不大好了，所以，撒嬌可以，但要適度。

劈腿

沒有男人喜歡朝三暮四的女人，一個女人三心二意的時候，男人也就三心二意了。也許，你覺得自己玩劈腿是爲了找一個更合適的對象，但是你要記住，當你的這種行徑發生之後，也就從此失去了所有男人的信任。一旦被得知，無論對方的涵養多麼好，多麼愛你，也會離開你！

考驗

什麼可以考驗愛情呢？金錢、地位、時間、空間？千萬不要找這些東西來考驗自己的愛情，要知道，你的另一半可能並沒有你的這份執著。愛情從來都是經不起考驗的，那些經過考驗的愛情，也大多被「烤熟」了，不是其中一個亡，就是另外一個死。

5
Chapter
一眼看穿
男人的
「花花腸子」

36 男人為何總「吃著碗裏，想著鍋裏」？

《紅樓夢》第二十八回寫了這樣一件事。賈寶玉想看薛寶釵左腕上的一串紅麝串子。但是因肌膚豐澤，寶釵一時褪不下來。寶玉在一旁看著那雪白的胳膊，不覺動了羨慕之心，暗暗想道：「這個膀子，要長在林妹妹身上，或者還得摸一摸，偏生長在她身上。」身爲「情種」的寶玉雖然愛的是林妹妹，但是遇到寶姐姐，依舊還是「吃著碗裏，想著鍋裏」。女人對男人說「路邊的野花你不要採！」但是男人在心底下卻說「不採白不採」。和他出去逛街，路上經過的不管是美女還是醜女，總要瞟上幾眼，才覺得自己不會吃虧。在女人看來，男人「花心」幾乎已經成爲定理。那麼，男人爲什麼總是花心呢？

✿「基因問題」導致男人花心

關於男人花心，外國專家研究的結果是，男人花心是因爲他們的基因上存在某一種元素，這種基因元素在男人身上存在越多，男人也就越花心。

另外，還有人認爲，男性基因XY的組合使得他們更具有進攻性。男人的Y染色體其使命就是繁衍後代，所以，具有Y染色體的男人自然也就更加「花心」起來。

壓力壓出的「花心」

男人的責任自然會給男人造成壓力，所謂上有老，下有小，中間還有老婆。男人爲了養家糊口在外面奔波，自然希望自己小有成績，好回家「交差」，但是，並不是所有的男人都會成爲外面世界的優勝者，即使老婆不怪，爹媽不說，孩子孝順，他們也會有無形的壓力，如果家裏再說上兩三句，男人就更容易去外面「尋花問柳」了。這種花心就像男人藉酒消愁一樣，因爲在「情人」那裏，沒有壓力，沒有人告訴他要去工作，要去爲我們賺錢！

好奇心

花心本身就是一種好奇，人本身就是好奇的動物。不過好奇要有膽量，而男人就是一種勇於冒險的組合體。男人在外面闖蕩，自然就有了機會。

這種好奇心的存在和家裏生活的千篇一律也是有關係的，「居芝蘭之室久而不聞其香」，作爲女人的你，總是同一個髮型，同一款式的衣服，同樣的語氣，同樣的聲音。

開始男人會覺得很舒服，但是時間長了，他還會對你有感覺嗎？可以說，男人花心，你也有一部分責任。不要總是說自己付出多少，這些對於男人來說，並沒有什麼。如果你每天做飯，今天不做飯，讓他去做，他可能會更高興一些。

突然變得有錢

有句話說，男人有錢才變壞，女人變壞才有錢。男人沒有錢的時候，自然招蜂引蝶的魅力不夠，只要達到一定的程度，就有了招蜂引蝶的本錢。所以，如果你的男人事業得到了提升，千萬要把自己的魅力也提升上去，這樣，男人的花心才會收在家裏。否則，當你剛剛擺脫「貧賤夫妻百事哀」的生活，就被別人「休」了。

女人不壞，男人更愛？

都說「男人不壞，女人不愛」，不過，你知道嗎？女人不壞，男人不愛！這裏的壞女人，並不是說她有多麼蛇蠍的心腸，而是那些懂得生活情調，做一些

小調皮、耍一些小手段的女孩子。這種壞女孩對於男人來說，就像一個新的調味品，品嘗起來更加美味。對於男人來說，好女孩是需要他們用來保護的，而壞女孩，有些小任性、小自我，則更符合他們的征服本性。

好女人的時間總是用在收拾屋子，洗碗、洗衣，或者到超市買打折的商品，壞女人絕不會讓這些佔據自己全部的時間，她們會指使老公去洗碗、洗衣，會和老公一起恩愛地逛超市，偶爾買一兩件很貴並且沒有嘗試的商品。她們會打扮自己，給自己上個從沒嘗試過的彩妝；她們還會去「勾引」老公，讓他知道自己有多愛他！

她們知道好女人就像白開水，雖然是生活的必需，但是男人要在口渴的時候，才會強烈需求和懷念，但是這種機會很少，因爲白開水太普通了，只要男人想要，白開水就無窮盡。而壞女人就像一杯極具誘惑的雞尾酒，顏色豔麗，入口後也與眾不同。當然，男人不是總會喝雞尾酒，所以，他們對雞尾酒會更加需要。

如果你也想成爲一個完美的「壞」女人，那麼不妨試一試下面的方法：

✿耍心計玩伎倆

聰明的男人，都能識破或洞穿女人的這種可愛的「小伎倆」的。這種小「伎倆」的最終目的是：讓男人來愛她，關注她。這種頗富心計的「壞」女人，會樂此不疲地通過無數的生活細節、話語、神態、姿勢，來讓男人在莞爾一笑的時候，來寵愛她。

✿做些曖昧的「小動作」

壞女人會趁人不注意的時候，愛撫男友的胸膛、腹部。會在許多人的時候，偷偷親他一下；或者在餐廳裏，用腳趾頭上上下下地摩擦他的小腿。總之，她們會想出許多小花招來「折磨」他，讓他「欲罷不能」，如果你的男人是風箏，那麼身爲女人的你，就是拴住風箏的線，這頗富心計的「壞」，隨便你怎麼操縱。

✿故意使「壞」

女人和男人在一起，來硬的肯定不行，那就以柔克剛。

女人在適當的時候，裝作可憐的小鳥，要比展翅的老鷹好得多，因爲這會博得男人的撫慰和呵護。本來自己只是小感冒而已，但是，就是要躺在床上不願動，告訴他「我頭好暈！」你的男人此時就是有天大的事情，也會在你的身邊溫柔地給你送水、遞藥，還問你想吃什麼，他去給你買。這樣的待遇，女人只有在「軟弱」的時候才會有。

女孩子，想要你的男人更愛你，就擺脫那個傳統好女人的角色吧！稍稍壞一點，讓你的男人成爲好男人。

38 那張「膜」重要嗎？

許多女孩子都問，男人在乎女人的第一次嗎？其實這個問題是愚蠢的，就像女孩子問男人，你愛我嗎？女孩子心裏早有了答案。

在一個有五千年封建傳統的社會裏，男人說不在意都是假的，說不在意的男人常常是占了便宜然後就走了，也有說不在意的那個人是因爲很愛你，怕說出來會傷害你。

男人喜歡處女，不是因爲她僅僅是個處女，而是本身的處女情節。對於他們來說，愛你，就是愛你的所有，他們希望擁有全部的你，包括身心。也因爲如此，真正愛一個女人的男人不會強求她，不會要求她過多地奉獻給自己，因爲他們知道，在女人作出這樣的選擇的時候，他們就應該承擔自己的責任。如果他不能承擔這個責任，自然也就不會去傷害這個他心愛的女人。

有多少涉世未深的年輕女孩渴望愛情，希望自己可以找到那個共度一生的男人。也因爲此，當她們以爲自己找到的時候，才會把自己交給那個男人，以爲一生情已定。但是，男人卻不是這樣，他們並不想馬上就訂下自己的感情，對他們來說，江山無限美

好，怎麼可能因爲一時的風景駐留。也許，某天那個男人累了，倦了，會想去找個女人結婚，但是他知道，自己想要的仍然是個處女，想要處女的特有的風情。

也許你很幸運，你找到了一個愛你的男人，他保護你，包容你。於是你們結婚了，有了孩子，你認爲這一生自己大概是最幸福了。但是你想過沒有？在你的男人心中，總有一件事掛在心理，「我的女人把她最珍貴的東西毫無保留地給了別的男人」。

如果這個男人愛你一輩子，雖然他在意，他不會告訴你，但是有一天，當他不愛你了，他會告訴你，他很在意！甚至因爲你曾經的「錯誤」而去找別的女人，因爲他心理不平衡。所以，年輕的女孩子，好好珍惜自己的第一次，把它留給能和自己生活一輩子的人，千萬不要經不起甜言蜜語的誘惑，以致失去一生的幸福。

男人等的就是「狐狸精」

「牡丹花下死，做鬼也風流。」男人喜歡美女，喜歡美女的「勾引」，並爲她們起名爲「狐狸精」。女人討厭「狐狸精」，因爲她勾引男人，但對男人來說，即使家裏有了

好女人，在外面還是希望和一個「狐狸精」有段奇遇。爲什麼男人會喜歡「狐狸精」呢？

❀狐狸精有「媚」性

「媚」本身就是女性極強的一種氣質。「媚」不是正統女人身上無微不至的照顧，也不是正統女人身上的端莊，它只是一個女人眼神外的一瞥，女人沐浴之後的嬌態，這種氣息暗合了男人表面「道貌岸然」下的本性湧動。在女人看來，這是一種骯髒，不過在男人看來，卻是一種性靈。大多受過「良好教育」的大家閨秀多半對其嗤之以鼻，她們矜持、保守，本身就有一種「假惺惺」，所以，讓本身就是戴著面具的男人不大喜歡了。

❀狐狸精的妖嬈

一個不美麗不妖嬈的女孩子，沒有人說她是狐狸精。所以，一個女孩被人稱爲「狐狸精」時，也沒什麼不好，因爲她的那種美麗已經得到了外界的承認。無論從臉蛋到腰身，再到手腳，有的都是美麗。

❀修煉成仙

狐狸精都是經過修煉的，她們會通過瑜伽、運動等等，把自己的身材打造到最佳狀

態；她們會化妝，美容，定期地做保養。真正的狐狸精是可以成仙的。當然，狐狸精的功力不僅如此，她們還有很好的談吐，優雅的儀表，甚至在事業和工作中也是很厲害的角色。她們懂得男人的心理，知道男人想要的是什麼，討厭的是什麼。她們也會關心男人，但是決不像那些平庸之輩，只是從男人是不是吃飽、穿暖方面下工夫。她們會關心男人的心理，從那裏瓦解男人。她們知道，心靈遠比身體更重要。

傳統的道德觀念裏，狐狸精就是那種拆散本爲好夫妻的壞角色，但是，現在的狐狸精已經成爲新的定義了。她們在外面可以依靠自己的學識和智慧打拼自己的事業，在家裏，她們可以做好自己太太的角色，培養幸福的夫妻生活。並且，大多可以得到老公的寵愛，讓老公的眼裏只有她。這樣的狐狸精，誰不想當呢？

40 男人是個貪心的傢伙

當你第一次和男孩約會的時候，可能就會想，爲什麼他會和我約會？他愛我哪裡呢？爲什麼有那麼多漂亮的女孩子在他周圍，他選擇了我？也許你還會傻兮兮地問他，

我長得不漂亮，也不會像別人那樣織圍巾、疊星星，你到底喜歡我哪兒？男孩子也許說，你的所有我都喜歡，包括你的優點、缺點、好的、壞的……當時你聽到雖然不相信，也會很高興吧！

但是，時過境遷，有一天男孩子對你提出了分手，你問他爲什麼，他會說：我討厭你的婆婆媽媽、耍小性子、蠻不講理、對我百般地挑剔……此時再想想他原來說的話「無論你的什麼我都喜歡」，是不是覺得上當了呢？

其實，不要埋怨男孩子對你說的謊話，誰讓你忘了「男人靠得住，豬都會上樹」。還是好好琢磨一下，他爲什麼會和你提出分手。很顯然，他不喜歡你給予他的這些。

那麼什麼才是一個男人想要女孩給他的呢？

直截了當地說：男人最渴望女人的溫暖。這種溫暖，不僅是女孩子一雙手的溫度，還是這雙手在他累了的時候，爲他捶背、按摩；這種溫暖不僅是男人回家之後香噴噴的飯菜，還是放下一天的裝模作樣，可以在女人懷裏像小孩子撒嬌的孩子氣；這種溫暖不僅是女人深夜在男人桌前放一杯咖啡，還是女人和男人臥膝長談，攜手擺脫困難的相依相靠的感受。做個溫暖的女孩並不難，只要你用一顆體貼的心，去和你的男人對話，自然暖由心生。

❀滿足他的「大男人主義」

無論一個威信多麼渺小的男人，心裏都是有那麼一絲大男人主義。不要說男女平等，男人就真的和女人平等起來了，如果男女真的平等還要去宣導嗎？在外面，男人的大男人主義受挫的可能性很大，因爲他要養家糊口，所以不得不放下架子。但是回到家裏，你可以稍稍滿足一下他的「口味」，多多稱讚他，即使他吹了牛，你也可以順著他，讓他滿足一下。

得到最心愛女人的認可，可以說是男人最大的鼓勵了，也是他的大男人主義的最大的滿足了。所以，必要時，讓你的男人品嘗一下自己的仰視、尊敬、崇拜。當然，你稱讚他的地方也許並不是很特殊，但是當他聽到自己這方面很厲害時，就會在這方面很努力，讓你看到意想不到的奇蹟。值得注意的是，千萬不要在他最差、最敏感的地方鼓勵他，這不但不會讓他感受你的崇拜，還會讓他覺得你在諷刺他。

❀給你的男人面子

在公眾場合，一定要給足你的男人面子，不要當著很多人的面，把自己的男人數落得一無是處。即使你知道，在家裏每天晚上他都會幫你倒洗腳水。這會讓他在外面抬不起頭。就算你在家裏是個母老虎，出門在外也要裝成一個溫柔的小貓咪。

不要做野蠻老婆

隨著《野蠻女友》的火爆發行，所有的女孩子都突然間看到了自己的解放之路，但真的是這樣嗎？在男人的世界中，他們並沒有真的承認女友的野蠻。如果戀愛時，尋求一下刺激也沒有什麼，但是到了現實生活中，女人如果每天野蠻起來，男人肯定是不同意的。在外面進行職場的拼殺，回到家開始上演家庭鬥爭，這就不要怪男人「無福消遣」了。並且，男人真的野蠻起來，大多女人還是抵擋不住的，不要怪男人不愛你，因爲你把他逼急了。

不要「錙銖必較」

這裏所說的「錙銖必較」可不是金錢，而是生活的小事。錙銖必較只能讓你成爲一個「惹人嫌」，不僅自己累，他也會厭煩。晚上本來是和朋友喝酒，對你卻說去陪客戶吃飯。你不要去跟蹤，甚至他是和公司的一個女同事有約，你也不要過多地胡思亂想，而對他說些有沒有的事情，這肯定會讓他大爲惱火。世界上最可怕的事情就是無中生有，如果別人再煽風點火，那你們之間就沒有好日子過了。

女強人為何讓男人聞風喪膽

《穿著Prada的惡魔》是一部根據暢銷小說改編的同名影片，引進中國時，有人竟然把片名翻譯成了一個略帶挖苦諷刺色彩的《時尚女魔頭》。

的確，片中的那個女人實在難伺候得很，男人也要懼她幾分。雖然事業十分光鮮，但是私生活並不幸福。這部片子，讓我們切實看到了傳說中的女強人。

她們是女人中的另類精英，全身滲透著男人式的果敢和睿智，一掃女人本身的柔弱。但是，就是這樣一群女中豪傑，在男人那裏並不受歡迎，幾乎近一半的男士在選擇老婆的時候，首當其衝的是排除女強人，爲什麼會這樣呢？

因爲他們不允許角色和地位的互換。不得不承認，男人本身就是霸氣的動物，而女人的自古流行趨勢都是「柔弱」，即使這個女人是堅強的，是聰明的，她們也只是在男性允許的範圍內「發展」。不過，女強人就不同了，女強人的出現，讓男人本身的「霸氣」一掃而光。要知道「每個成功的男人背後都有一個偉大的女人」。

這個偉大的女人需要爲這個男人洗衣做飯，打掃家務，接孩子上學。如果家裏的角

色換過來，成功的女人背後那個偉大的男人也是如此。這對於每個男人來說都是一種挑戰。是的，女人可以野蠻，女人也可以稍微霸道一點，但是女人搶了他的地位，男人也就坐不住了。從女強人本身來說，她們也是女人，只是少了那份女性的溫柔，因爲激烈和殘酷的商業競爭是不允許她把這種溫柔表現出來。其實，這都是男人權力和地位的壓榨結果，但是這有什麼辦法呢？

一個女人選擇了作爲女強人，自然要爲自己的選擇付出，年輕的女孩子，也許你正規劃著自己的事業，希望可以和男人一樣引領這個時代的風騷，但是要想想：這是不是你最終想要的。生活中有很多無奈，你選擇了女強人，很可能你就喪失了家庭的幸福。

42 男人眼中的「好女孩」

都說「女人心，海底針」，其實男人的心也同樣如此。當他看見你的第一眼，就已經考慮這個女孩子帶出去的話，會不會讓哥兒們嘲笑；帶回家的話，會不會讓老媽不高興；如果娶過門的話，會不會把家收拾得很得體……天知道那些男人都在想些什麼！但

是，有一條是值得肯定的，他們在衡量你是不是他們心目中的好女孩。

你是他的百變女

如果你的男人喜歡喝湯，你每天變著花樣給他做湯，從普通的蛋花湯，到鮑魚海參湯，他喝過你手裏的湯不計其數。終於有一天他說，不要做湯了，我喝膩了。想過沒有，無論你換什麼方法，你做的總是湯，爲什麼不給他換換別的食物呢？

同樣，對於你也是如此，他可能看夠了你賢慧能幹的角色，無論你怎樣變著方法賢慧能幹，還依舊是賢慧能幹，爲什麼不換換其他類型？和這樣的女孩子在一起，對於男人來說是一種幸福，能夠娶到這樣的女孩子，就像娶到一個百寶箱，天知道下一秒箱子裏會飛出什麼。

女孩子要學會風情萬種

男人喜歡美女就像女人喜歡型男一樣，這是天經地義的。但是美女也有很多種，有百合花般清純的女孩，也有牡丹似的嬌豔女孩。有的女孩子很漂亮，但是卻很「流俗」，有的女孩本身並不漂亮，但是因爲影影綽綽的風情就把男人那顆心騷動起來。「猶抱琵琶半遮面」，古代女子都懂得美麗只是一種別樣的誘惑。

愛情本身就是一種互相吸引的活動，所以女孩子不妨做個主動的吸引，不怕你的男人不愛你。值得注意的是，因爲愛情的排他性，千萬不要對其他的男人這樣做。

✿「半糖主義」的女孩子

沒有人會告訴你，當你把身心全部給了男人，那個男人就會如數奉上自己的熱情和愛意，反倒此時男人會因爲愛情已經到手而不再愛惜了。所以，往往結婚前，男人就像一隻公孔雀，每天豎著自己的尾巴，好讓你看上一眼，但是結婚後，男人就像公雞，每天就知道打鳴，連豎起尾巴的心情都沒有了。所以，女孩們千萬不要「全心全意爲男人服務」，而是要做一個「半糖主義」，永遠讓男人意猶未盡，總是讓男人想念你的若有若無的甜味，只有這樣，他才不會覺得膩。

✿「軟弱」的女孩子

軟弱不是示弱，作爲女孩子，你無須像男人那樣自稱「英豪」，去做什麼花木蘭和穆桂英，即使去做花木蘭和穆桂英，也要等到所有的男人都「不中用」時。身爲女孩子，你還是要做他身邊的小鳥，累了給他唱歌，渴了給他倒水。你雖然「軟弱」，卻是他堅強的後盾。只要不是沒有主見，做個他身後的女孩子有什麼不好呢？記住，這不是奉獻，而是愛情的合作與分工。

43 男人一生不會只愛一個女人

張愛玲寫過一篇小說叫《紅玫瑰，白玫瑰》，說是男人娶了紅玫瑰，時間長了，紅玫瑰就會化作床前紗帳上的蚊子血；娶了白玫瑰，時間長了，白玫瑰就會化作碗邊吃剩的一粒白米飯。上天造就女人不同的美麗，在男人那裏也就有了千挑萬選。

如果一個男人遇到一個女人，和她相知相愛，並且結婚生子，最後共度餘生。在別人眼裏，他們是那麼相配，是那麼和諧，但是，這並不是說這個男人只愛這個女人，只有這個女人，他才會結婚生子，共度餘生。很簡單，如果沒有這個女人，他一樣會和其他的女人戀愛結婚生子。所以，女孩子千萬不要聽男孩子說「這一輩子，我只愛你一個人」而感動得痛哭流涕，這是有前提的：「如果這輩子再沒有其他女人令我動心，那麼我只愛你一個人」。而當前提存在的時候，男人的話就成爲現實。但是，這種前提會是真的嗎？「窈窕淑女，君子好逑」，天底下的好女人多的是，性格也是千差萬別，而你只是其中之一，你憑什麼肯定這個男人只為你動心？你的漂亮？你的可愛？你的高貴？你的善良？你的溫柔？很顯然，這些在許多女人身上都存在著。

愛一個人和與一個人結婚不同，一個男人只有一個老婆，這是法律規定的，但是如果現代婚姻制度允許男人可以三妻四妾，天知道男人會有多高興！「一萬年太久，只爭朝夕」這句話用在愛情上是最合適不過了。那些相愛一生，幾世幾輩只愛一個女人的男人，只有小說、電視劇中才會出現。這是人們對愛情美好的最大渲染了，也因為如此，有些愛情才會令人感動。

不要因為男人的誠實，而相信他嘴邊的那句「這一輩子，我只愛你一個人」。即使再誠實的男人也會為愛情而撒謊，對女人說些山盟海誓的話。很簡單，愛情讓人發「昏」，那個男人當時說什麼幾乎自己都不知道了，更何況去履行它們呢？

其實，男人是不是這一生只愛你一個人並沒有太大的關係，他可以愛幾個人，其中也包括你，如果他選擇了和你結婚，那麼，你就是這幾個人中的「獨一無二」。在其他的日子裏，他會照顧你，會心疼你，會和你過好這一輩子，這才是一個女孩子最大的幸福。所以，年輕的你也不必為「這一輩子我只愛你一個人」的謊言而對男人耿耿於懷！

44 男人心裏埋藏最深的秘密是什麼？

每個人都有自己的一塊空間，不管是大是小，那個空間只有自己知道，不允許別人來訪。這個空間，女人有，男人也有。當然，雙方都想去對方的空間看看那裏到底有什麼秘密，爲什麼要把它放得這麼深。不過，建議你最好不要去逼問他，因爲這種空間是個人的，其實也並沒有什麼，並不是他看做珍寶的東西就是你的珍寶。不過，他可以靠這點秘密來確認這是我自己的，就像小孩子會把一些自認爲很好的玩具藏在某個地方一樣，男人也會藏起自己的東西，提醒自己：這裏是自己的地盤，如果你打開了他的這個地盤，他就會很空虛，因爲他會覺得屬於自己的東西全都一無所有了。

也許，正因爲你的男人有個秘密，你才會覺得他神秘吧？如果他沒有了這個秘密，在你面前，他就像白紙一樣，你覺得是不是也少了些什麼呢？是的，少了男人的厚重，在你面前的男人如果你永遠都可以看得一清二楚，你還會喜歡他嗎？你還會那麼愛他嗎？你可能會說他單純，說他簡單，而這些都是男人不願意聽到的。所以，他寧願守著那個不叫秘密的秘密和你周旋。男人的秘密大多都是有歷史的，也因爲如此，這種秘密

會因爲時間的關係讓男人有厚重的感覺。

你的男人可能會給你花錢，因爲那是身外之物，但是他卻很少告訴你他的秘密。那才是他的命根子。當然，男人愛你的話，會告訴你他的歷史，告訴你他上任的女朋友，告訴你他高中的老師是個漂亮姐姐，不過，他不會全部都告訴你，即使他很愛你。不要介意，其實他已經告訴了你最重要的一部分。

越優秀的男人，在你的眼裏秘密也就越多。他們的心理年齡很模糊，有時像小孩子，有時又像大老爺。他們可以一下子看到女人的心裏去，只要他想去看，所以，他會很聰明地討好女人，爲她們鞍前馬後地效勞。他們是女人的剋星，因爲女人看不懂他們，但是他們卻可以透視女人，讓女人始終處於興奮的狀態。有的時候，你會覺得這樣的男人毫無秘密，但是有時候，你又覺得他有無數個秘密。

年輕的女孩子，不要總是那麼計較，當你的男人告訴你他已經向你坦白一切的時候，就不要再去追問了。

如果他有秘密，在適當的時候，他會告訴你，如果沒有，你問了，那麼對他來說就是一種羞辱，因爲在他看來，你缺少對他的信任和理解。

6
Chapter
男人可以邋遢，
但你絕對
不可以

像美女那樣打扮自己，你就成了美女

亨利・福特說：「好形象是一個人事業成功的通行證。」我們可以這樣說，「好相貌是女孩子好命的通行證」。當然，這不是說女孩子的內在美就不重要了，而是說一個女孩子要想有好命，除了內在美之外，外在美也是很重要的。

好在現代很少有女孩子忽視自己的皮囊了，不過，雖然對自己的皮囊很重視，但是「沒有時間」、「麻煩」等「藉口」，讓許多女孩子喪失了「好皮囊」，因爲心疼錢，所以不敢對自己外表投資的女孩子是相當普遍的，不要說去美容院，即使幾百塊錢的眼霜都會讓她們心痛不已。如果你屬於「怕麻煩」、「沒時間」、「沒有錢」而放棄自己皮囊的女孩子，趕快住手吧！因爲你都不知道什麼時候，自己的好命就溜走了。

美貌對女孩子來說，就是一種競爭力，無論在什麼時候，高貴大方的美女總會受到更多的關注。

而對於內在美相同的兩個女人，外在美得分高的那個大多是勝出者，所以，人們總是抱怨美女是「狐狸精」，以爲她們是靠色相贏得成功的。

其實這是人性使然，就算兩個一樣大的蘋果，你還會選漂亮的那個，何況人呢？

美麗的保養是女人一生的事情。二十歲的女人是嬌媚的，三十歲的女人是風韻的，四十歲的女人是沉澱的。即使到了白髮蒼蒼，女人還是有她獨特的美感。而那些因為時間關係說「老了還要什麼美」的女人，本身就是狹隘的。

所以，不要說自己三十多了，孩子都小學畢業了，還「臭美」什麼？具有這樣觀念的女人是很容易「苦命」的。即使二十歲找到了好男人，好工作，到了三十歲，因為時間的流逝和自己的羞於打扮，美麗不再，就很可能讓男人產生他念，同樣事業上也沒有太多的起色。

栽培自己的外貌有很多種，最根本的是自己相信自己美麗，花一點時間化妝、搭配合適的衣服，注意合理的飲食和適當的運動，這都是美麗的由來。

人們在給美女打分，不僅因為她長著雙眼皮、大眼睛、長頭髮，而是因為她給一個人的整體感覺，這就是「形象美」。

所以，如果你沒有「天生麗質」，就要用後天的優勢來讓自己美麗起來，只要你像個美女一樣打扮自己，自然也就成了美女。

46 千萬不要做別人眼中的邋遢女

一個已經結婚的男人邋遢，別人見了會說，這個人的老婆真懶；但是一個女人邋遢，別人見了會說，娶到這樣女人的男人真是受罪。

爲什麼同樣是邋遢，人們對男人和女人的評價就有著這麼大的區別呢？因爲在人們的傳統定義中，女人是「水做的」，本身就應該是乾淨、整潔的；而男人是「泥做的」，邋遢和糟糕也就是自然的。如果一個男人邋遢，大多因爲他還沒有結婚，結婚之後，男人就受到女人的打理，變得整潔乾淨起來。所以，當一個結了婚的男人仍然邋遢，人們就會說他的老婆是個「邋遢的懶婆娘」。而一個女孩子如果結婚之前就邋遢，那麼，男人就對她敬而遠之了，因爲連自己都打理不好的女人，又怎麼去打理男人呢？

一個女孩子的整潔和乾淨跟性格有一部分關係，但是和家庭影響的關係更大一些。如果一個女孩子從小沒有受到父母整潔的要求，或者父母本身就是邋遢的，那麼這個女孩子邋遢也是十分正常了。所以，人們總是說那些邋遢、不懂得珍惜自己的女孩子缺少家教。

而這樣的女孩子是很難好命的，因爲她們受到的教育不足，自我管理和自我控制的能力也就很差，所以，這樣的女孩子對於事物的判斷以及抵禦誘惑的意志力也很薄弱。當男人稍稍使用一些小手段，這些女孩就會陷入男孩子的甜言蜜語之中。

結果，這些女孩子的私生活都很糟糕，自然，那些好男人也會對這些女孩子「敬而遠之」了。

當然，話不能說得太絕對，這樣的女孩子也會遇到好男人，也可能和哪個好男人結婚。因爲在愛情的感化下，這些女孩子也會稍稍改變自己的邋遢形象，使得對方和對方的家長認可自己，但是，結婚之後呢，一時因爲愛情而做的「即興表演」很快就會結束，當她們無法約束自己時，自己的好姻緣也就結束了。

所以，年輕的女孩子千萬不要成爲男人眼中的邋遢女，沒有一個男人會對一個不修邊幅、豔俗邋遢、跟人說話嘴裏總是有難聞的怪味、絲襪破洞了還在穿的女人動心的，除非那個男人是比這個女人還要邋遢一千倍，兩個人都邋遢也就不會嫌棄對方的邋遢了。如果你想擺脫這種邋遢透頂的男人，找到一個衣裝得體的好男人，最好的辦法就是讓自己清潔起來。

並不是全身上下穿了名牌才算高貴

每個男人都希望自己可以娶到一個可愛的公主，不是因爲公主的地位，而是因爲公主的高貴。一個高貴的女孩子，本身就代表一種美好的氣質，她不會胡亂地穿衣打扮，不會滿口髒話，不會模仿市井小人去和別人大吵大鬧，潑皮無賴。

也許你會說，我一沒有錢，二又長得普通，憑什麼高貴？難道有錢才算是高貴嗎？難道全身上下穿了名牌才算高貴嗎？其實不是的。記得這樣一個小故事，清政府被推翻了之後，所有與之有聯繫的王爺、郡主的資產都被查封了。像許多普通人一樣，這些曾經的貴族們也是一貧如洗。但是，在某些人身上還保留著之前高貴的氣息。

有這樣一個王府，每天清晨吃早飯的時候，曾經的王爺依舊會像個大家庭的家長一樣叫道：「開飯！」其實，在桌子上的飯也沒有什麼，每人一個饅頭、幾塊腐乳和一碗蛋花湯。腐乳是從城西買的最好的腐乳，而蛋花湯雖然也像普通人家的一樣，但是漂在上面的香菜是翠綠的，絕對沒有一點發黃的葉子。吃飯的時候，這些曾經的格格和貝勒也絕對不會端著一碗飯蹲在地上，呼呼喝完，然後用小手指頭剔掉塞在牙上的食物。吃

完飯，他們依舊還會像以前一樣漱口，洗手。

也許你覺得這是窮講究，什麼都沒有了還在那裏裝，其實不是，這本身就是一種高貴。有人這樣說，一個真正的貴族要具備兩個東西：高貴的自尊和面對困境的風度。是的，沒有了滿漢全席，可以用饅頭、腐乳代替，但是其中一樣有高貴的氣質。也許你沒有錢，但是你一樣可以讓自己高貴起來。沒有錢也沒有什麼，自己精心準備的小菜，得體大方的衣服，等等，都是一種高貴的表現形式。爲什麼因爲沒有錢，就自己端著一碗泡麵躲在沒有人的地方吃？爲什麼因爲沒有錢，就穿著不得體的衣服？也許你都感受到了自己的害羞，那麼在別人眼裏你又是什麼樣呢？其實你完全可以光明正大地端著泡麵在某處舒舒服服地吃，也可以去試穿那些你喜歡的衣服，即使不買又怎麼樣？

不要用沒有錢來搪塞自己了，爲什麼你不能從灰姑娘變成王妃，其中根本的原因是，你相信自己只能做灰姑娘，而王妃是那麼高高在上，那麼高貴美麗，你自認爲沒有本錢去做王妃。你錯了，你以爲高貴是先天的，其實，更多的高貴是後天的。

一個具有貴族氣質的女孩子可能因爲自己出生在貴族之家，耳濡目染習得了高貴，雖然你缺少這樣的條件，但是你同樣可以通過自己的努力而高貴起來。而當你有了高貴的氣質，也就很可能擁有了王妃的生活。

女孩子，不要再用任何理由來拒絕你本身的高貴了，拒絕自己的好命了。

48 你可以選擇當麻雀也可以選擇做鳳凰

清晨醒來的睡美人是最美麗的，臉龐因爲修整泛出粉紅的光澤，眼睛因爲休息而倍加明亮，而身體也因爲沒有勞累而輕盈起來，生機勃勃。這是每個清醒的女人的美麗，在這裏，也許女人沒有太多分別。不過，當美女們跨出門的一瞬間，你就會看到各種女人，她們之中不乏高貴亮麗的美女，同樣也會有蓬頭垢面的邋遢女人。也是在這個時間，上帝爲不同打扮得女人指引了不同的道路。

爲什麼在同一時間，就會有這麼多不同的女人誕生？那些邋遢的女孩子可能出門就是爲了買路邊的豆漿和油條，她們大多自認爲沒有時間打扮自己。其實沒有時間只是一種藉口，因爲她們可以在床上磨蹭一個小時才起來，而她們也根本沒有打扮自己的意識，因爲她們會想，自己命這麼差，打扮了又給誰看，難道給路邊賣油條的人看嗎？

也許你以爲那些打扮漂亮、氣質很好的女人肯定是住在豪宅裏，早晨有傭人做好的早餐。你錯了，她可能就和邋遢女住在同一個巷子，但是她從來不會蓬頭垢面地出去買油條和豆漿，而是精心打扮，然後自信地走出門。

你也許會說，前面邋遢的女孩子也許是因爲經歷了太多的滄桑才會這樣。我要說的是，就算是一個人歷經滄桑，也不要因爲滄桑而蒼老。其實，現在的女孩哪個算是真正經受過滄桑呢？能在這個時代經過滄桑的女孩子太少了。而如果經受了生活的滄桑，仍然沒有頓悟自己爲什麼會擁有滄桑，那經歷的滄桑也就沒有了意義。因爲一個人越經過生活的考驗，她也就會越在乎生活的美好。而那些沒有什麼滄桑，而把自己當做「滄桑的老女人」的女孩子，就更加不値得了。

生活的美好與幸福只是你的心態而已。有的女孩子即使長相平凡，生活環境也並不優越，但是，這並沒有讓她們覺得自己如何命苦，每天還是像清晨的小鳥一樣，快樂地飛向自己的天空，而有些條件看起來不錯的女孩子，其實也沒有什麼痛苦，但每天對自己的生活哀嘆憐惜，比林黛玉還林黛玉，這樣的女孩子也許會考慮很多，但是行動卻很少，她們在哀嘆中可憐無人欣賞自己的美麗。她們真的美麗嗎？就算美麗，這點嗟嘆也會把好運氣嚇走了，還談什麼好命?!

女孩們，不要坐在那裏自憐了，這只能讓自己更可憐而已。要知道，即使自己只是一隻麻雀，也要做一個最優秀、最勇敢的麻雀。每天早晨出門，你都有兩個選擇，也可以選擇麻雀，還可以選擇鳳凰。同樣，此時上帝也會告訴你麻雀要怎麼飛，鳳凰要怎麼飛。爲什麼要做一隻幻想鳳凰的麻雀，而不去直接變成鳳凰呢？

49 時尚也是一種魅力

時尚對於女人來說是經久不衰的話題。時尚這個詞也因爲女人而流行起來。

時尚不僅是一件衣服，一個包包，也不是一杯咖啡，一輛名車。一個時尚的女人，生活的每個細節都是時尚的化身，甚至她用的杯子，頭髮的樣式，說出的某個單字，講話的語調，都帶有時尚的氣息。

時尚本身就是奇妙的，你也許覺得它就在你的身邊，但是可能你怎麼抓也抓不到。有些女孩子刻意追求時尚，但是，最後的結果卻像插滿孔雀羽毛的鴨子，非但不漂亮，反而因爲羽毛而不敢下水游泳，弄得畏畏縮縮，還不如做一隻可愛的小鴨子來得真純。

每個女人都有不同的時尚韻味，因爲不同的個性，裝扮就要與自己吻合，不能一味地模仿堆砌。

總的來說，時尚是依附在女人身上的氣息，而不是女人身上的雜貨鋪。雖然時尚因爲每個女人的個性而有所不同，但是總結起來，時尚的女孩子還是有共同之處的：

經濟

這是時尚女性最基本的要求。只有當一個女人經濟獨立時，時尚才會真正地屬於自己，也才會有魅力。

所以，我們看到許多賦閒在家的有錢太太們許多並不代表時尚。因爲她們的打扮過多地依賴別人的眼光，身上的打扮也少了自己的氣息。

時尚的女孩子不會因爲嫁給了一個條件好的男人就放棄自己的事業，也不認爲找到一個有錢人，就找到了一張長期飯票。她們更多的是自尊自立，在乎的是自己的時尚品味，而不是別人喜歡什麼，她就喜歡什麼。

生育決定權

女人和男人很大的一個區別就是生育問題。

男人並不會因爲自己不能生育，而忽視生育問題，反而正因爲不能完全在自己掌握之中，所以也就更具有「強制」性。在傳統觀念上，女人的生育是男人以及男人背後的那個家庭做主，女人沒有說話的餘地。不過，時尚的女孩子不會完全按照男人的意志行事，她們可能會考慮男人的意見，但是只是意見而已。

一般來說，時尚的女孩只有當自己具備了生理、心理、物質各方面的條件後，才會讓自己的寶寶誕生出來，讓寶寶享受自己的母愛。

愛自己

時尚女孩容不得別人來「委屈」自己，這裏指的是她們會誠實地遵循自己的感受和欲念，選擇自己想要的，而不是別人強行給予的，她們不會委曲求全，不會因爲討好別人而壓抑自己。總之，時尚女孩會遵循自己內心的指向。

提高自己

沒有一個時尚的女孩子會不思進取地坐在那裏，學習是她們永恆的話題，也因爲此，時尚才會與她們如影隨形。

時尚的女孩子會關注時事，接近人文藝術。會找一切時間來吸收對自己有益的新事物，讓它們化作自己的一部分。當然，這不是說，時尚的女性就排斥一切過去的東西，她們懂得，時尚本身就是一個循環，過時本身就是下一個時尚的起點。

你會從一個時尚女孩的嘴裏聽到古早的一段曲調，還會從她們的桌上看到《時代》雜誌。

✿健康

一個時尚的女人可以沒有名牌的手包，也可以沒有美麗的容貌，但是一個時尚的女孩絕對是健康的。她不會像許多女孩子那樣瘋狂地吃東西，也不會瘋狂地減肥。她愛運動，愛自然，喜歡跑步，游泳，打網球，喜歡做瑜伽。她們知道只有當一個女人身體是年輕的，那麼她才有追求時尚的資格。只有身體是年輕的，時尚才更具魅力。

✿交友

時尚的女孩很少會宅在家裏，她們的時間很大一部分會放在擴大自己的朋友圈，一些藝術展場、大型展覽場所都會有她們的身影。她們會在這些活動中認識朋友，從這些朋友身上，她們可以接受到各個行業的最新資訊，可以擴大自己的視野，自然也爲自己創造更多的成長空間。

時尚本身是一種參與行爲，說說是不管作用的；時尚也沒有年齡的限制，所以，如果想成爲一個時尚的女性就從現在開始吧！

記得，在追求時尚時，千萬不要做時尚的奴隸，只有把自己的內涵和外表協調統

一，你的時尚才是最有魅力的！

50 精心對待自己在每一個場合的裝扮

得體的裝扮是女人魅力的最基本要求。

穿衣打扮本就是女人智慧的體現，不同場合的裝扮是不同的。沒有一個女人會傻到穿著亮麗的衣服去參加追悼會，但是因爲不會穿衣而被竊笑的女人也是不在少數。

如果不想做那隻被踢出局的醜小鴨，從現在開始注重自己每個場合的裝扮吧！記住，你的每個亮相都是展示自己美好的機會！而你的好運也因爲你的展示而被提升起來！

記住，女人的著裝就是女人魅力的鏡子，一身不合時宜的服裝，會讓你的魅力大減，更有甚者會讓你的事業停滯。自然，你的好運也就不在了。

51 女孩們，用熱情去感受藝術吧

每個人都有先天對某種才藝特殊的才能，這就是天分。你也一樣，不要說自己沒有藝術修養，沒有音樂的感悟力，不去嘗試怎麼知道自己有沒有呢？

所以，想要成爲有才藝的女人，首先要培養廣泛的興趣愛好。有些才藝並不需要你很高的修爲，只要你懂得欣賞就可以了。再笨的女人也知道用化妝品去裝飾我們的面容，也知道依照自己的個性搭配自己的服飾。在你最青春美好的時候，你有很多東西要去感悟，當你做得多了，就知道自己的才藝在哪裡了。另外，做一個有思想的「才女」。一個有思想的女人，也是一個熱愛生活的女人。再次，不要三心二意。學習本身就是一種長期的行爲，才藝自然也是如此。如果你沒有信心和時間去習得你選擇的才藝，最好不要去學，這只能浪費你的時間。並且三心二意學來的東西，自然也登不了大雅之堂，有時候反而會讓你成爲他人的笑柄。以飽滿的熱情去感受生活的藝術吧，只有這樣，你才會成爲生活的藝術家，才是那個因爲藝術而美麗的女人，令人心動的女人。

52 可以沒有漂亮容顏，但是不可以沒有個性魅力

「魅力在女人身上就像一朵花，你有了它，別的就不必有了，如果沒有：不管你有什麼，都無足重輕。」魅力這麼好，它屬於什麼樣的女人呢？是蕙質蘭心，還是高貴典雅？是溫柔賢慧，還是刁蠻可愛？是你，是我，還是她？

每個人有每個人的魅力，一隻再醜的鴨子也會有獨特的魅力之處，不同的是，那隻鴨子是聰明的還是愚蠢的。一個聰明的女人知道什麼可以讓自己魅力大增，而那些笨女人只能做些有損自己魅力的動作。

魅力通常存在具有溫柔性情的女人身上，這種女人可以不漂亮，但是卻具有以柔克剛的力量。女性本身的溫柔像極了中國的太極，她不需要用什麼堅硬的利器去與敵人鬥爭，只要用那股柔情就可以抵擋萬夫之勇。她堅毅，獨立，有頭腦，知道什麼可以放棄，什麼寸步不移。

當然，這種女人更知道什麼時候去安慰男人，而且在不動聲色之中就捕獲男人的真

愛。這不是魅惑，而是魅力，如果真的是魅惑，也是男人因爲女人的魅力而「迷惑」。

女人，什麼是你的魅力？

是的，你沒有天生麗質，但是你有自信的微笑，後天的藝術修養。

你可以用文化讓自己沉澱，用音樂讓自己性靈，用舞蹈讓自己優雅，而這些都是一個女人的韻味，一個女人的魅力。

當然，魅力女人還有她的另一面。成熟大度的她懂得人生的不平坦，真心帶來的並不都是友誼，其中還有背叛，真愛付出的並不都收穫愛情，其中還有虛情假意。但是，魅力女人不會糾纏這些沒有必要的事，而是反省自己不給他們傷害自己的第二次機會。

關於信念，她還會勇敢地堅持，懂得什麼時候自己應該柔情似水，什麼時候應該含而不露。

魅力的女人是快樂的，所以，我們總能看到她們明媚的笑。她們在懂得了人生嚴酷的時候，學會了去享受人生的美好，用心去品味自己的每一分鐘。

所以更多的人在魅力的女人身上看到了豁達的胸襟，感受了生活的美妙，由此也更願意和她在一起，和她一起分享人生。

7
Chapter
不做女強人，
但一定要
做強者

加油！努力！你很快就有好運氣

年輕的女孩喜歡看星座，每天都在星座上看看自己的運程；年輕的女人也喜歡看手相，認爲細細的幾條線顯示著自己的幸福。她們認爲倒楣也好，升官加薪也好，這都是自己的運氣作怪，也認爲生活中其他的一切都是命中注定。但是，那些命好的女孩子真的是靠運氣嗎？不是的，生活不是彩票，不是偶然才可以得到「五百萬」，生活是要踏踏實實地努力，只有這樣，才會得到生活中的「五百萬」。

是的，我們不能選擇出身，也不能預知我們的死亡，但是對於中間的過程，我們是可以選擇的，我們可以沒有漂亮的臉蛋，但是可以有很好的氣質；我們可以沒有財富，但是我們可以創造財富。對於運氣也是如此，上帝總是照顧有準備的人，當我們爲改變自己的運氣而努力時，運氣也就會得到好轉。

對於運氣來說，灰姑娘的運氣好嗎？很顯然，不好！她的媽媽去世了，爸爸又娶來一個刁悍的女人，這個女人和她帶來的兩個女兒，搶走了灰姑娘漂亮的衣服和鞋子，搶走了她的公主房，搶走了她曾經擁有的一切，然後讓這個失去媽媽的女孩去做一個下人

的活，並且對她百般刁難。難道這算是好運嗎？

你可能會說，但是灰姑娘遇到了王子，她的好運就來了。錯了，灰姑娘不是遇到了王子，而是去尋找王子。她憑藉自己的好人緣（小鳥和仙女的幫助）才得以見到王子。她又很聰明，在王子追趕自己時，爲了不讓王子看到自己的「窮酸相」，她可以悄悄溜走，你可以嗎？當午夜的鐘聲敲響的時候，你可以理智地擺脫和王子跳舞的美好，堅決地走掉嗎？也許光是和王子跳一場舞，你就已經失去理智，讓自己瘋狂起來了，還怎麼去和王子進行以後的約會？把握你的王子？

不要以爲別人的幸運是很容易的，每個人的背後都有自己的艱辛。誰都想從天上獲得好運，但是天上掉下來的不只是好運，更多的是鳥糞。就算是彩票的運氣，也要有之前的「投資」。生活本身不是奢求，你只有靠自己的努力才可以更好，運氣才會走得長久。

年輕的女孩，你可能總是在抱怨自己的倒楣，也許你說，我一無所有。不是的，年輕本身就是本錢，你可以努力的時間和方向有很多，這就是你贏得好運的資本！有人說，攤開手掌你就擁有了整個世界，我想說的是，世界很大，你不需要全部擁有，只要你緊握手掌，對自己說：「加油！努力！」很快你就會擁有好運！

給自己一個遠大的前程和目標

也許你認為這個不是自己要考慮的，因為你又不是男人，要做什麼強人，你想自己只要能舒舒服服地生活就可以了。外面的事業是男人的，家裏的「事業」才是自己的。但真的是這樣嗎？錯了，你應該給自己一個遠大的前程和目標。

現在，你已經找到愛情了，但是你需要找到除了愛情之外，更能讓你堅強地站在上面的東西。而在家裏，這種東西是不存在的。也許你要說，我要做成功男人背後的那個偉大的女人。但是，想過沒有，成功的男人背後一樣有痛苦的女人，而這種痛苦一般是在男人成功之後。因為女人的年輕和美貌是不斷遞減的，而家庭除了培養家庭主婦和闊太太之外，就不能培養更好的女人了。當男人賺錢的能力隨著時間不斷遞增的時候，女人也就開始了另一段人生的轉折。

所以，女人為什麼要把自己的幸福和成功建立在一個男人身上呢？你需要一份屬於自己的東西，這樣，當愛情離去，婚姻破裂，你的男人離開你的時候，你才不會一無所有，你才可以面對你的男人，而不是去哀求：「我做錯了什麼？我可以改！」

當然，這不是說，你要去做個女強人，去傲視你的丈夫，而是你要和他一樣，不斷地讓自己成長，這樣，當美貌過去，你會擁有氣質和韻味，你還擁有自信和執著。一個女人，嫁人是幸福的大事，但是，有一份自己的事業更是人生的大事。你需要有自力更生的生活能力，你需要用工作解決你的溫飽問題，你需要在社會中歷練，不被它淘汰。要記住，家庭也是在社會中，也是社會的一部分。也許它是你暫時的休息所，但是它並不是你一生的避風港。你需要用自己的雙手，讓它更堅固，這些不是別人可以代替你的，包括你的愛人。

年輕的女孩子，不要以爲嫁給了一個好老公，自己就可以在家「退休」，等老公來養了。你還年輕，還沒有到退休的年齡，用年輕的身體提前享受老年的待遇，對你來說並不是什麼好事。這樣的唯一結果是，把你年輕的心養成老年的心。

爲什麼不爲自己找份工作，雖然，在這份工作中，也許你賺不了很多的錢，但是，當你工作的時候，代表你不是蒼老的，你還有年輕的鬥志，還有對未來的渴望。那不僅是某個名牌的包包，一次異國的旅遊，一份豐盛的晚餐……更是一種精神上的自由，一種自我的幸福。你知道除了感情以外，你還有另一份踏實而可靠的寄託！

55 別人的糖可能是你的毒

對於女孩子來說，人生也是一種選擇，有道是「女怕嫁錯郎」，這其中就有選擇的意味。當然，女孩子的選擇並不僅僅是結婚一件事，在結婚之前和結婚之後，女孩子還有很多道路來選。其中最爲重要的一件事，就是女孩子對自己職業的選擇，都說男怕入錯行，其實女孩子也一樣害怕入錯行。

不同的人，有不同的路。

有的女人天生就是商場拼殺的「鐵娘子」，有的女人卻是要站在風采的後面，經營自己的事業。選擇一個正確的道路，永遠勝過跑得快更重要！

因爲在正確的路上，你才知道怎樣去找到自己的人生捷徑。

年輕的女孩們，也許你在羨慕別人的工作是多麼亮麗，是多麼豐富，但是當你踏入別人的道路時，一定要注意，它是不是你想要的，是不是真的適合你。

要知道，在別人嘴裏的是糖，到了你的嘴裏可能就是毒藥！

對自己的期望要比老闆的期望更高

現在的時代是「她」的世紀，女人以前所未有的姿態站在男人面前。不過，到了工作之中，男人和女人的區分也就不大明顯了。所以，看看時代的女強人，大都有和男人一覽天下的意思，甚至氣質和作風也男性化起來。當然，這樣的女人還是少數，大多的女人也是給別人打工的，那麼，作爲職業女性要怎樣做，才能讓自己在事業上快速發展呢？很簡單，對自己的期望要比老闆期望更高。但是這不是簡單就能做到的。一個女孩子在工作中，會做是遠遠不夠的，還要自動自發地去做。要知道，你的工作不是爲了老闆，而是爲了自己。聰明的女孩子知道，老闆在的時候努力工作是表現，老闆不在的時候，努力工作是爲了達到自己的成功。

一個成功的職業女性知道，不管自己在做事的效率上，還是在做事的品質上，只有超過了上司的期望，比上司想得遠一點，才能得到老闆的肯定和重用。因爲只有這樣，才不會因爲自己的原因給公司帶來麻煩和損失。

優秀的女孩子知道，無論自己做得有多麼好，都要比常人多走一步路，及格只能讓你不被炒魷魚，但是對於自己的自我提升來說，那是遠遠不夠的。在同一批被錄取的人員當中，只有那些看得遠一點，做得遠一點的員工，才會讓老闆眼前一亮，也才能讓老闆委以重任。

57 任何妙計都是空想，行動才是真的

沒有行動，任何妙計都是空想，對於女人也是如此。一個女孩子要想成功，行動是獨一無二的選擇。在街上，總會看到帥氣的男孩子身邊的那個女生是其貌不揚的，身材也不好，長得也不好看。爲什麼她們會找到很好的男朋友呢？很簡單，她們付出了自己的行動，所以，她們達到了目的，你不覺得這些女孩子很值得欽佩嗎？

要知道，每個成功者的背後，都是行動的付出，當然，這種行動可能會帶來失敗，而阻礙人們腳步的大多是這種失敗的「潛在意識」。也許還有一些本身的懶惰者，那是天生喜歡說空話，不去行動的人。相對這些人來說，成功遠離他們是正常的。但是，對於那些本身就是辛勤的「行動者」，因爲顧忌失敗而失敗的行動者就顯得很可惜了。大多數的女孩子正是上面所說的後一種人。如果你是其中之一，就趕緊改掉自己的這個弱點吧，因爲這個弱點，你會永遠是醜小鴨，永遠找不到自己的王子，即使王子已經看上你了。同樣，你也不會找到一份很好的工作，因爲你根本沒有意識去用行動爭取它！

不向頭腦注入新知識，遲早會被踢出局

沒有一件事物永遠是新的，女人也是如此，當你開始了停頓，你就開始了衰老；比如，沒有運動，你的身體會衰老，沒有注入新的知識，你的思維便開始衰老。當你老得沒有人要的時候，命運就開始說，「女人，你被踢出局了！」所以，女人，千萬不要讓自己停滯下來，尤其在面對新事物上，更要積極地去學習，去迎接挑戰。

年輕，是女人一生中最「芳菲」的時節。因爲年輕的女人可以去拼搏，去奮鬥，談吐優雅地討論一切新生的問題，可以有勇氣面對一切新生的事物。但是，年輕易老，青春有限，當女人失去了年輕，剩下的就是衰老。不過，一個學習中的女人永遠不會衰老，因爲她的心是年輕的，頭腦是年輕的。

這不是一個「女子無才便是德」的年代，也許你會說，我有知識，我已經大學畢業、碩士畢業，但是那是過去的你。現在，人類知識每隔幾年就要翻一番，任何一勞永逸的想法和一成不變的知識結構都是被淘汰的對象。對於女人來說也是如此。女人，去積極地迎接挑戰，用知識武裝自己，你才會具有更豐富的修養和內涵。你才會變得更睿智，你的美麗才能擴展、昇華，持久起來。你才能在眾多的後起之「秀」中，告訴她們什麼是時尚，什麼是年輕，什麼是美麗。否則，你只能退到後面，讓新生的晚輩告訴你這個大嬸級的人物說：「這是最新的××，您不知道吧？我告訴您……」

人生如逆水行舟，不進則退，只有那些懂得汲取知識的養料，勇於面地挑戰的女人才會是永遠的美人，因爲她們雖然失去了二十歲的鮮豔，但會換來四十歲的底蘊。時間催人老，但是時間同樣也賦予了人們不老的心。女人是怕老的，因爲女人知道紅顏易逝。所以，女人，清醒一下吧，不要總是迷戀在鏡子上，因爲無論你化了多少妝，還是不能掩蓋皺紋的痕跡；一個女人無論對吃喝玩樂多麼樣樣精通，但是還是不能掩蓋時間對身體的「腐蝕」。華服裝扮的女人掩蓋不住蒼白的靈魂，但當一個女人有了知識，即使布衣也掩蓋不住她的風采。當一個女人有了知識，時間就不會告訴你，這是個「腐朽」的女人，而是一個時代的麗人，她是智慧的，是涵養的，是值得欽佩的。自然，這個女人也是值得男人去愛的！

幸運何時來敲門？

年輕的你，現在可能一無所有，沒有錢，也沒有金龜婿，甚至連自己最初的夢想也喪失掉了。原來準備的一年計畫、三年計畫、五年計劃早就不知飛到哪裡去了。身邊雖然有幾個臭味相投的異性朋友，但總是覺得生活就這樣過去，自己豈不是白白浪費了大好的青春？有時候也想去找個人隨便嫁了，然後，生個孩子當家庭主婦，就這麼一輩子過去算了。真的要這樣做了，又對以後的生活害怕。難道自己就這樣自怨自艾地生活嗎？於心不甘！但是要怎樣做呢？

很簡單，成爲優秀的女人。當你優秀了，自然會有幸運來敲門。當你只是一個賣火柴的小女孩，就只能有買火柴的顧客來；但是，當你是公主時，來的自然就是王子，當然，還有你曾經夢想的生活。所以，不要嗟嘆了，女孩們，讓自己優秀起來吧！就算現在沒有男朋友，沒有很高薪的工作，但是你一樣可以過得好。沒有人陪你，但是你還有奮鬥陪你，還有進取陪你，自然還有你的理想陪你。世界上的男人有的是，那些所謂的金龜婿也不可能在年輕的時候，就把自己的事業交給別人，他們的時間和你一樣，去奮鬥，去拼搏。金龜婿不可能把自己大把的青春花在「風花雪月」上。

總之，利用好你的一切，讓自己優秀起來，當你在做這些事情的時候，自然你也會感到充實，也就慢慢改變自己的狀況了。

你會發現，有一天老闆會把你叫到辦公室，對你說，現在有個新的工作職位，公司讓你到美國進行一段時間的培訓，我想想只有你適合它，不知道你的意見是什麼？你會發現，自己曾經暗戀的對象某天早晨拿著一束花，對你說：「我等你很久，不知道你喜不喜歡。」是的，幸運就是這麼簡單就跟來了，但是一切的前提是當你變得足夠優秀。

60 再普通的醜小鴨也能變白天鵝

當醜小鴨還是醜小鴨的時候，牠成爲白天鵝的做法只是堅持自己。所有普通的女孩子也是如此。時間一天天的過去，醜小鴨可能還是醜小鴨，但是有些醜小鴨已經成爲了白天鵝。爲什麼？因爲還是醜小鴨的那些女孩子失去了堅持，失去了自己可以成爲白天鵝的信念。

等待成功的時間是漫長的，要知道，你的要求越高，付出的努力和堅持也就越大。而當你放棄的時候，剩下的就是失敗。如果你想做一個幸運的種子，就要有幸運背後的堅持。

美國一家報紙曾刊登了一家園藝所重金徵求純白金盞花的啓事。雖然金額很高，但是，人們很快就不再因爲高額的獎金而沸騰了。因爲在自然界，金盞花除了金色的就是棕色的，而培育純白色的金盞花，簡直就是一個玩笑。

二十年後的一天，園藝所收到了一封熱情的應徵信和一粒純白金盞花的種子。寄種子的是一位老太太，一個道地的愛花人，沒有任何遺傳生物的知識。

她培育金盞花的做法是，撒下一些最普通的種子，精心照顧。一年之後，從那些金色的、棕色的花中挑選了一朵顏色最淡的，任其自然枯萎，以取得最好的種子。同樣，剩下的歲月裏，她仍然這麼做，最終，如雪一樣白的金盞花盛開了。

老太太因爲堅持，得到純白的金盞花。

年輕的女孩們大都是普通的，那些生於名門大戶的又有幾個？

女孩就只有一個花期，只有在自己最美好的時候綻放，生命才會精彩。堅持下去，你只要在成功的路上堅持夢想，你就可以得到希望，改寫自己的命運。

8
Chapter
從現在開始，
比相信男人
更相信錢吧

無論是小家碧玉還是富家千金，你都離不開錢

現在不愛錢的年輕女孩子很少了，因爲她們懂得錢的作用，漂亮的衣服、進口的化妝品、名牌包包……哪一樣不需要錢呢？雖然，女孩子知道錢很重要，但是有時候也會因爲一些原因而做一些不愛錢的事情，比如，認識一個窮小子，因爲愛他，就忘記了金錢的作用。這種現象經常發生在二十幾歲的女孩子身上，她們可以很理智地去告訴自己：沒有錢是萬萬不能的，但是遇到一些事情還會告訴自己：錢不是萬能的。有錢能買到幸福嗎？能買到健康嗎？能買到自己的一廂情願嗎？天知道一個年輕女孩子的腦子裏會把錢「折磨」成什麼樣子。

在此，提出一句：無論你是小家碧玉，還是富家千金，你都離不開錢，千萬不要做那些執迷不悟不愛錢的女孩子！很簡單，沒有錢，即使瀕臨生產的產婦也會被醫院拒絕出門；沒有錢，你的男朋友只能羞澀地對你說：「親愛的，一朵玫瑰就可以代表我的真心！」沒有錢，你和你的男友半夜可能就會被房東趕出門！不要執迷不悟了，談戀愛不是談清高！對愛情有適度的浪漫幻想是好的，但是如果想要真的生活下去，還是要現實。古人說「貧賤夫妻百事哀」，有了茶米油鹽，才有詩情畫意。

當然，不是說一個女孩子要爲了金錢而把愛情扔在一邊，這裏說的是，一個女孩子只有面對生活，愛情才會有根基，才會走得遠，否則，不怕天高地厚的行爲只能讓你和相愛的那一位長久地擁抱在路邊，說著明天會好的……可是不久，愛情就被餓死在半路上。如果一個男人只會對一個女孩子說自己有多麼愛她，但是始終讓自己的女人因爲自己而挨餓受凍，那麼這種愛也實在太單薄了。當一個男人的愛不能保護一個女人，只能讓這個女人痛苦的話，這個男人也是不值得愛的。

愛情不是扮家家酒，結婚也不是想像。如果你的男人愛你，他就應該用自己的實力去打造你們共有的幸福。如果你愛的這個男人總是靠你養活，大門不出二門不邁，遇到事情能躲就躲，能閃就閃，每天只會告訴你，他有多麼愛你，那麼，他對你的愛情也肯定不會長久，而他口裏的愛恐怕也是虛情假意。和這樣的男人在一起，你會覺得幸福嗎？肯定不會！當看到別人的丈夫爲妻子打拚，妻子爲丈夫而努力的時候，你的感受又是什麼呢？愛情不在天上，而是在生活的每一滴時間和空間裏，那裏有你們的共同身影，有你們的共同奮鬥！

一個真正懂得愛情的女孩子不會只看這個男人是不是愛自己，是不是自己愛這個男人，她還會看自己的愛情會不會走得長遠，這個男人有沒有能力讓愛情延續下去，而不是只看到春華秋月，而忘記了冬夏的嚴寒酷暑。生活本身就是物質的，而我們是人，不是幽靈，所以我們需要物質來滿足生活的必需。

年輕的女孩們，你不僅應該學會鑑賞愛情的真僞，還應該學會鑑賞你的愛情保鮮期。同樣，你也應該學會理財和儲蓄，在年輕的時候學會投資，計畫好每一枚金幣的使用，這樣。你的生活才會不因爲錢而「痛苦」，不會因爲錢而倒塌！才能去真正地享受人生。

要有正確看待金錢的「俗氣」

富比士的排行榜每年都會列出世界上的財富明星。沒有人會對這些上榜的明星嗤之以鼻，如果真的嗤之以鼻，恐怕也是酸溜溜的。也許你會說，男人追求金錢沒有什麼，從古到今都是如此，女人就不同了，如果一個女孩子追求金錢，帶上了「銅臭」，就會被人稱爲「拜金女」，多沒面子，甚至找男朋友，人家聽到自己愛錢，也不會喜歡了。

這樣說就大錯特錯了，古人說，君子愛財，取之有道。女孩子也一樣，取之有道的錢財有什麼不可以呢？要是真的因爲害怕「銅臭」沾身，而不去追求「有道」的金錢，這才是傻女孩呢！

拿破崙．希爾說，「口袋裏有錢，銀行裏有存款，會使你更輕鬆自在，你不必爲別人怎麼看你而過多憂慮。如果有人不喜歡你，沒關係，你可以找到新的朋友，你不必爲幾百塊錢的開銷而操心，你可以瀟灑地逛市場，自由地出入大酒店。」一個女孩子有了錢，你不會對別人的名牌包包羨慕不已，你也不會因爲別人的豪宅、洋車而「酸氣熏天」。

一個懂得金錢的女孩子，知道金錢的價值，也會使用正確的方式追求金錢。當然，這不是爲了讓自己成爲「女富婆」，只是想讓自己過得更加自由一些。當自己準備出席一個豪華的晚會時，卻發現自己的衣櫥竟然沒有一件適合舞會的衣服，你會怎麼想呢？也許在舞會上，正有一位王子等待你的到來呢！不要妄想這時會出現一個仙女給你漂亮的裙子，給你豪華的馬車。此時，你的仙女只是錢，它可以讓你走向你的王子，走向屬於自己的舞臺！如果你到了那時再去埋怨自己平時忽視金錢恐怕已經晚了。

魯迅說：「我們有錢的時候，用幾個錢不算什麼，直到沒有錢，一個錢都有它的意味。」不要告訴自己，錢是庸俗的象徵。只有在錢的使用過程中，才會讓人庸俗，因

爲在某些人眼裏，錢本身就是一種「俗物」，也許他已經有了很多錢，可以「視金錢爲糞土」，也許他是一貧如洗，但是就「不爲五斗米而折腰」。但是，你呢？你是有很多錢，還是在裝清高？算了吧，女孩子，放下你的矜持！要知道，同樣一筆錢，讓不同的人用，就會有不同的味道，有的人用了之後，會很高貴，同樣，有的人用了，錢卻有了「銅臭味」。當然，女孩子追求錢，大多是希望可以爲自己帶來高貴，可以自由地享受金錢帶來的美好，可以甩掉因爲沒有錢而帶來的「迂腐味」。

不要猶豫了，在二十歲之前開始學會正確看待金錢的「俗氣」，並開始爲享用這一切而努力，你會發現，原來你的人生也可以如此絢爛多彩！生活不能沒有錢，愛情也不能沒有錢，我們只是做自己喜歡的「拜金女」！

63 戀愛時，請帶上你的錢包

看過這樣一個小笑話：一個男孩子的媽媽說：「我家的二寶，花錢很可怕，這幾個月比上幾個月多花了一倍多，真不知道他怎麼花的！」女孩子的媽媽說：「我家的小花更可怕，從上次向我要了錢之後，就再也不要錢了，我更不知道她怎麼花的了！」

在許多人看來，戀愛時，女孩子花男孩子的錢似乎是天經地義的，無論是逛街、吃飯，還是購物、遊玩，女孩子只要把自己打扮得漂漂亮亮地出門就好了，而男孩子則是要把腰包塡得鼓鼓的。不過，現在也有人提出了戀愛分攤制，愛情是愛情，金錢是金錢。到底什麼樣才算是正確的戀愛金錢觀呢？

也許你的爸爸也會告訴你，不要總是花男人的錢，這會讓你沒有價值，如果他的錢是來之不易的，那麼你就更不能隨意地花他的錢。也有些人，錢來得很簡單，比如，本身就是富家子弟，但是因爲這些錢本身就不是他們的，你又憑什麼去胡亂地花呢？錢在很多方面可以表達出愛情，但是，也有的時候，女孩子會因爲錢而忽視愛情，甚至只因爲錢才和男人在一起，這樣又有什麼價値呢？當一個女孩子因爲有人埋單，就大吃特吃，大買特買，這只能讓你大大掉價，因爲沒有一個男人會喜歡貪小便宜的女孩。

當然，也並不是所有的男人都會如此大方，當分手時，向女孩子索要「戀愛清單」的男人也不在少數，曾經表達愛情的物品如手機、電腦、衣服等等，甚至出去吃飯的飯錢，男人都會如數索回。其中，大多男人覺得自己「上當受騙」了，在他們看來，既然女孩子不是因爲愛情和自己在一起，那麼就應該履行「清單」義務。

天下沒有免費的午餐，愛情同樣也是如此，而那些在戀愛中，因爲貪小便宜吃大

虧的女孩子也是很多的。試想：當一個女孩子有了「只花錢，不戀愛」的印象，那麼這種名聲一旦傳揚出去，又有哪個男人願意和她在一起呢？自然也就不能找到一個好男人了。

現在是經濟時代，所以，如果你真的愛他，那就不能只是索取，女孩不是貨品，感情更不是交易。愛情是公平的，沒有人可以不勞而獲地霸佔別人的錢包。談戀愛時，女孩子還是要帶上自己的錢包，即便男孩子不讓你出錢，你也要適時地埋一次單！

64 享受金錢帶來的幸福

有這樣的一個小故事，說一個非常喜歡金子的國王遇到了上帝。上帝告訴他，我可以滿足你一個願望，「你想要什麼呢？」

國王說，「尊敬的主，我想要一雙手，任何普通東西只要碰到這雙手就變成純金的東西。」天知道這個擁有整個國家財富的人想要這麼多金子做什麼？

上帝說：「好的，從今天開始，只要你的手遇到的東西，都是金的。」

國王聽到上帝的話，像個孩子一樣快樂起來！他開始觸摸自己的桌子、椅子、牆壁，只要他想觸摸的地方，一下子都變得金碧輝煌。不久，他親愛的王后走了過來：「尊敬的陛下，什麼讓您這麼高興？」國王愉快地牽過王后的手，剛想去親這雙溫柔的小手，王后的手卻突然變成了金子，轉眼間，王后也成爲了金子。國王大驚，還沒有來得及去想，他外出遊玩的女兒跑了進來：「父王，父王，我好想你啊！我再也不要一個人出門了！」女兒一下子抱住父親，國王卻不敢觸摸女兒，因爲他害怕自己疼愛的女兒也成爲金子。天不遂人願，女兒放下父親脖子的時候，又像以前一樣拉住了父親的手，準備和他長談自己的所見所聞。不幸的是，當她還沒有來得及說話，也變成了金子。國王看著兩尊金子做的人，欲哭無淚，他想用手打自己嘴巴，卻怕自己也變成金子。

第一天，國王就因爲自己的金手失去了至親的兩個人，他開始痛恨自己的金手。他想念王后溫柔的聲音和睿智的見解，想念女兒給他講述在外面遇到的新鮮事，想聽到她歡快的笑聲，但是這些都沒有了……滿屋子的金子，讓他感到十分寒冷，因爲沒有一件東西可以讓他取暖。御廚做了滿桌子的菜，下人準備了新鮮的水果，他也不敢伸手去拿。國王開始想念以前的日子。他大叫：「上帝，我不要這雙金手了！」

此時，上帝真的出現了：「不想要這雙手是有代價的，因爲這雙手已經變了，如果不想要，那麼你就沒有手了。」最終，國王忍痛失去了雙手。

我們知道金錢的本身並不可愛，雖然它們可以購買到我們想要的東西，但是金錢絕不代表這些東西。如果你有了足夠的金錢，自然也就不需要可以「點石成金」的手了。爲了金錢本身而癡迷，不會讓你感受金錢帶來的幸福，反而會讓你像上面的國王那樣，因爲金錢而喪失親情、愛情，以及你喜歡的一切。

「君子愛財，『用』之有道」，和賺錢想比，如何花錢同樣也是學問。我們需要錢，不就是因爲錢可以讓我們活得更好嗎？爲什麼當自己有了當公主的機會，非要去做「灰姑娘」呢？而如果你喜歡當灰姑娘的話，那麼永遠也不會遇到王子，永遠也只能是生活在底層的灰姑娘。

65 打理自己的金錢，應該像打理自己的愛情一樣用心

你的薪資很高，每個月有好幾萬，但是，你仍是一個「月光族」。你的服裝的確很吸引人，內行的人瞅上一眼，就知道你的那身行頭在萬元以上。不過，到了月底的時

候，你的信用卡早就刷爆了，於是，你總是吃泡麵以熬過口袋空空的幾天，或者找個死黨借點熬過艱苦歲月。爲什麼要把自己折磨得這麼狼狽？爲什麼總是養成借錢的習慣？

不想過這樣日子的女孩子快點學習理財吧！

百分之七十的人都曾經爲錢煩惱，不是因爲薪資不高，而是因爲沒有學會理財。女孩子在賺錢的能力上也許會遜於男性，但是這不代表一個女孩子對金錢打理的能力是不如男孩子的。

不要說自己的口袋沒有錢，就不需要理財，正因爲你沒有錢才需要理財；不要說，我年輕，賺錢來日方長。

是的，現在你可以賺錢，但是你老了的時候，又靠什麼養活自己呢？也許你會說，我找個長期飯票，一切都解決了。真的嗎？想過沒有，因爲你，你的那位可能也會陷入經濟危機中，你只是拖一個人和你下水而已！自然，你們也不會幸福長久地在一起！不要爲不理財找什麼托詞了，這些只能讓你越過越苦。

女孩子打理自己的金錢，應該像打理自己的愛情一樣用心。愛情會有背叛自己的一天，但是帳戶的金錢絕對不會。一個女孩子最終也會走入家庭，而一個家庭過得幸福與否，同樣需要靠一個女人對金錢的打理。

66 打死不做購物狂，每分錢都要花在刀口上

男人很不理解女人的購物欲望，明明她的衣櫥裏已經有了五件以上沒有穿過的新衣服；明明同款式的包包她已經有了三個；……但是女人還是毫不猶豫地打開錢包，飛速地把錢送給收銀小姐，笑著說：「這幾件東西我都要了，請給我打包！」這樣的女人在男人眼裏真的是很可怕，因爲這帶來的無疑是金錢的浪費。但是，女人會這麼想，「你看多便宜啊，過這個村可就沒有這個店了」；「我們公司的小莉新買的這款口紅，要比這個貴得多呢！」男人不得不爲女人的這點「邏輯」而嘆服！

爲什麼女人會這麼喜歡購物呢？很簡單，愛美！這種與生俱來的特質爲女人提供了「購物狂」的成長基礎，只要有錢，有便宜的東西，或者心情不好，心情超好，她們都會用逛街購物來打發這種心情。

其實，花錢沒有什麼，錢賺來不就是爲了花嗎？但是錢要用在刀口上，當生活中真的遇到困難的時候，沒有錢，就算哭出大天來也不會有人同情。一個女孩子想要過精緻有品味的生活，首先要學會節儉。

節儉並不是摳門，節儉也可以活得有面子。節儉是清楚自己的錢該怎樣花，怎樣把它用在刀口上，怎樣對生活資源進行最合理、最稱心的配置。

那麼，要怎樣才能做到不成爲一個購物狂呢？

預算的觀念

如果你沒有預算的觀念，往往每個月你總結腰包時，很可能會產生令你意想不到的天文數字，並且，你還會發現自己購買的東西並不是自己想要的。

採購前，先清點一下家中的儲藏，在購物清單上列出必須購買的商品和如遇打折可購買的商品，以免買回一大堆平時用不著的東西。買食品，保存期限是很重要的，如果太多吃不了，過期就是浪費了。像衛生紙、肥皂、洗衣粉之類的日用品可以趁促銷時多買，這樣既經濟又方便。

不要讓售貨小姐牽著你的鼻子走，這樣，你肯定成爲一個失敗的購物者。

整理衣櫃

女孩子的衣櫃不能忽視，如果你的衣櫃整理得很清楚，那麼一眼望去，你就知道自己需要什麼衣服和配飾。你買衣服要注意款式的分配：三分之一經典款式，三分之一當季流行，三分之一路邊攤。這樣，你不僅可以穿出自己的風格，還可以搭配出高檔的品味。衣櫥裏一些高質感的套裝是不可避免的，誰知道你需要哪種套裝去偶遇自己的王子呢？如果這樣的套裝在打折時買到就更划算了。

❀「錙銖必較」

許多人會嘲笑有錢人還和路邊的小攤販爭論，誰規定有錢人就不能爭論了？是的，我可以買名牌的服裝，但是這是自己攢出來的；我可以去花上千元去做美容，這同樣源於我的處心積慮。對小攤販學會錙銖必較，才能有更多的錢辦自己想辦的事情。

❀購物狂「必殺技」

如果你已經成了購物狂，那就把下面幾點熟記於心，你的狂熱就會大大減少。

錢包癟一點。當你攜帶大量現金和大金額的信用卡時，就會有「財大氣粗」的感受了，那麼花錢也就成了必然。

不要做情緒的奴隸。生氣、悲傷、懷舊、興奮時，如果你會出現不理智的購物，那麼你千萬不要這時購物。沒有現金不買物品。當你習慣用現金購買物品時，沒有現金就會讓你不去購買物品。千萬不要抱著自己的信用卡到處刷，不刷爆才怪。尊重你的清單。購物時，列好自己的購買清單，並且按照清單嚴格執行。

做到自己心中的物有所值。當你遇到一件心動的物品，要問自己為什麼買這件東西、是否真的需要它、這件物品在自己未來的購物優先表上佔據什麼位置？自己是否可用已有物品來替換這種物品。購物不是娛樂。如果你覺得購物是娛樂的話，那麼就多想想你在月底因為身無分文而失落的狀況。其實，去公園消磨時間、去散步、和朋友去喝茶都是很好的娛樂，為什麼非要花錢娛樂呢？

找到好的購物伴侶。如果你和一個購物狂一起購物，那麼可想而知你購買回來的物品是多麼「不值」。另外，也不要和虛榮心很強的同伴逛街，這樣會讓你因為虛榮而購物。

67 生蛋快樂——請學會讓「錢生錢」

長久以來，男人一直主宰著投資市場，誤讓女孩子以為投資是很複雜的事。所以，許多女孩子一想到把日常剩餘的錢拿去做投資，就不知道如何是好了。其實，賺錢說簡

單也簡單，並不比別的事情複雜。女孩子想要投資，只要在決定投資事宜之前，諮詢經驗豐富的會計師或者財務專家，先把相關的事實和選擇弄清楚，然後再作決定，那麼回報就會比較理想。當然，越多一些財務諮詢對投資也就越有幫助，你還可以和其他有經驗的人一起討論自己的投資計畫，看看是不是比較合理，這都是進行投資環節的重要事情。

那麼，一個女孩子要想去經營自己的金錢，應該怎麼做呢？

實力

你的經濟實力決定了你的投資方式的選擇。如果你的日常結餘比較少，那麼你最好以儲蓄或者購買保險的方式投資；如果你的日常結餘比較多，那麼就可以採取定期存款和購買債券的方式，同時，你還可以適當地投資股票和期貨；如果你屬於高收入的家庭，還可以進行收藏投資。

知識

讓錢生錢是一種學問，也需要一定的專業知識。現在市場提供的投資管道和方式越來越多，所以需要的知識也就越豐富，否則，沒有任何經驗和知識，剛剛進入投資市場就會讓你「馬失前蹄」一蹶不振。你想透過投資而拿到可觀的收益，就必須在專業知識上豐富自己，積累自己的投資「成本」。

女孩子一般喜歡趕時髦，但是投資可不是趕時髦的事情，所以，如果你的好友進行了某項投資賺了一大筆，並且極力推薦你的時候，你一定要冷靜地分析自己是否適合她那種投資方式。

投資意圖

不同的女孩子，投資意圖是不同的，這也影響著投資方式的選擇。如果你屬於低收入一族，那麼你就要注意保全自己的資產，不要進行高風險的投資。如果你希望通過投資作爲重要的收入來源，那麼就要注重資產的增值性，同時兼顧財產安全性。

家庭投資

不要因爲害怕投資的風險而不去投資，這只能表示你的金融意識很低而已。一個家庭要想使得資產保值增值，進行投資是必要的，同時，這也是家庭理財最有效的方式。那麼，家庭投資要怎麼做呢？如果你的金融知識比較低，那麼你可以將自己的資金進行多元性的分散投資，既可以降低風險，亦可使資本有效升值。

從現在開始，比相信男人更相信錢吧

許多女孩子在尋找愛情的同時，也都想找到一張長期飯票。但是現在能夠找到愛情的同時還能找到長期飯票的機會，實在太少了。甚至有的男人連愛情都不願意給你，怎麼可能爲你當長期飯票呢？甚至還有這樣一種男人，他們希望找個「女富婆」，靠女人來發達呢！

也許你會說，怕受傷就不叫戀愛了，也許你並沒有真正地去愛哪個男人，所以你才會有恃無恐地這樣說。不過，不可否認的是，我們不能害怕受傷就不去戀愛。但是，一個女孩子因爲分手而寸斷肝腸的場面也實在令人心疼，因爲她們把那個男人當做自己幸福的全部。所以，女孩子，如果你正在進行戀愛或者準備戀愛，你都要記住，不要把自己的幸福壓在一個男人身上。與愛情相比，錢的幸福來得更加可靠一些。

世界理財大師博得．雪佛說：「錢當然不能代替愛情，但是，愛情也不能代替錢。」如果你有了自己的資金保證，那麼也就不需要一個男人做你的長期飯票了，而自己的錢用起來永遠是踏實安心的，不用害怕它們會背叛你。

小七第一次上班就愛上了一個男人，不可否認，這個男人在相貌和實力上都是數一數二的。小七是個熱情而大膽的女孩子，入公司不到一個月就開始追求這個男人——她的主管。

愛情似乎很簡單就在兩個人身上發生了，小七想都沒有想到自己的愛情竟然這麼順利。當然，愛情是愛情，工作是工作，小七是分得清楚的女孩子。所以，在上班的時候，小七很少打擾她的男朋友。

雖然還沒有到談婚論嫁的時候，但是兩個人的感情已經升溫了許多。小七開始想像父母見到男朋友時讚許的眼神，也想到自己的死黨看著自己男朋友的「嫉妒」。小七覺得自己幸福極了。

不過，簡單的幸福飛過得很快。因爲業績不好，公司開始進行裁人，作爲新手的小七覺得自己「惶恐不可終日」。爲了提高內部員工的競爭力，上層要求集體競賽，要求很簡單，爲一家新上市的企業作產品的企劃方案。小七聽了，增加不少自信，按經驗來說，她的確比不上那些老人，但是按實力和創意來說，她對自己可是十分自信。

工作雖然遇到了點小波浪，但是愛情還是要談的。帥哥男友對小七保證：「放心，有我在，絕對不會讓你失業，如果你被裁，我也不幹了！」小七很高興，「不用你罩著，我一樣不會被裁掉的，不要小看我的實力。」於是小七興沖沖地說出了自己的創意

構想。男友在一邊讚許地說，不愧是我的小七啊！一次下班，出辦公室的時候，小七看到總經理在和一個人聊天，問男友，那個人是誰啊？我們的東家——這個策劃就是給他做的。

公司的裁員很快下來了，第一個名字就是小七，小七覺得自己要崩潰了，輪到哪個小鬼也輪不到她啊！她氣沖沖地跑進總經理的辦公室，質問：「爲什麼要把我裁掉！」

總經理看看小七：「我們不需要品格有問題的人！你走吧！」

「我怎麼品格有問題了？」

「啪！」總經理把兩份方案放在小七面前：「做不好沒有什麼，但是不要剽竊！」說著，拿起其中的一份，放進自己的公事包，小七在上面看到了男朋友的名字。

出了總經理的辦公室，傷心的小七看到了被總經理稱爲客戶的人。小七想找自己的男朋友問他到底怎麼回事，但是並沒有見到他，於是小七坐在自己的辦公桌前發呆。

小七實在不敢相信是自己的男朋友做出了這樣卑鄙的事，但是和別人說，人家怎麼會信呢？他是主管，怎麼可能去剽竊一個小員工的東西，公司裏的人早知道他們是情侶關係，她剽竊才在「情理之中」。

過了很久，小七開始收拾自己的東西，也不準備去找那個醜陋的男人了。收拾完東西，小七去搭電梯，卻看到了那個「東家」，想都沒有想，小七就衝進了電梯裏。「東家」看了看小七的樣子，顯然明白了小七被炒了魷魚。在電梯裏，小七醞釀著自己的思想。在出電梯的瞬間，小七叫道：「經理，您好！您能允許我一分鐘時間和您談一下嗎？」

那個經理很驚詫，但是也沒有拒絕。小七說：

「我知道您今天是來拿策劃方案的，並且我也知道這個策劃方案的內容，因爲它是我的辛苦成果。但是，因爲一些原因，我反而成了『剽竊者』，同樣的策劃，我做了不只這一個，並且自認爲也不遜色於這個，不知道您有時間可以看看它們嗎？」經理不可置信地點點頭，小七從自己抱著的文件中，找出三個檔案夾，遞給了他……

後來，小七到了這家經理的公司上班，並且很快得到了升職，工資自然也大大提高了。不管你是金錢至上的女孩，還是愛情至上的女孩，總要記住，無論在你多麼潦倒的時候，人是會離開你的，但是你的錢卻不會離開你。

有時間，不要忘記打理你的金錢。

9
Chapter
婚姻如鞋，
選擇舒適比選擇
漂亮更重要

69 要嫁的不僅是一個男人，更是一種生活

在你的心中也許有一個這樣的男人，也許他口袋裏沒有十塊錢，但是他一定是英俊的，你見到他第一眼，就知道這個男人就是自己想要的。你的心不住地對自己說，就是他，沒錯就是他！不管是一見鍾情也好，還是前世今生也好，當那個男人對你說：「親愛的，我們結婚吧！」你終於高興地嫁給了自己愛的這個男人。

但是，當你嫁過去才知道，原來嫁過去是這樣的：因爲沒有錢，所以你們只能在一間很小的房子裏享受兩人世界；因爲他不會做飯，所以，你只能從新娘一下子就成爲家庭主婦，要知道，你也不會做飯；因爲他喜歡看球賽，所以在每個球類賽事的時間中，你就成了球類寡婦……你終於明白愛情和婚姻是兩碼事，嫁給一個什麼樣的男人就意味著選擇一種什麼樣的生活。是窮困還是富有，是整潔還是邋遢，是平淡還是激情，都取決於你嫁給的那個人。嫁給一個物質豐富的人，選擇了一種衣食無憂的生活狀態；嫁給一個精神富有的人，選擇了一種尋求精神自由的生活；嫁給一個老實巴拉的人，也就意味著選擇一種平淡無奇的生活。

年輕的女孩，不要以爲你們有了愛就有了一切，其實愛只是生活的一部分，沒有什麼可以替代愛，但是愛也不能替代生活的其他。所以，當一個男人對你說：「親愛的，我們結婚吧！」不要因爲自己的愛就答應嫁給他，而是要在愛外面尋找你們的契合點。

對於婚姻來說，有時候適合比愛來得更重要。不要說：「管他呢，我喜歡就行！」是的，你喜歡鮮花，但是它永遠也不是花菜，能讓你炒上一盤；你喜歡他的表白，但是他的表白不能去對銀行說，可以不去還銀行的貸款！喜歡是什麼？是天上的風，拂耳而過，讓你的心瞬間顫動；但是，你的心一直在怦怦地跳個不停，只是你忽略了而已，記住，你的心不是因爲這風才跳動的。所以，不要用你的喜歡來強詞奪理了！

結婚不僅是兩個人的事，還是兩個家庭的結合，所謂門當戶對正是如此。你在戀愛的時候也許不在意這些「俗舊」的東西，但是當你結婚之後，就會發現事情遠不像你想像的那麼簡單。如果你們兩家「風水」不對，在吃穿住用各方面都是那麼不同時，你的苦日子也就來了。你喜歡逛超市，但是他喜歡去傳統市場，你會用名牌的化妝品，但是有些人見到上面的價錢就會頭暈。慢慢的，你就會發現家裏某些人滿是笑容的臉上開始有些風霜了。其實你只是按照自己以前的生活過日子而已。而你發現，曾經的那個男人已經變了，其實他真的變了嗎？沒有，是你看他的眼睛變了，是事情的發生不得不讓你看他的眼睛變了。

年輕的女孩，不要忘記在兩情相悅之外還有其他的東西，而這些東西足以讓你的幸福破產，選擇一個男人，要知道你選擇的不僅是他的本身，還有他身體以外的東西，而這些，你考慮到了嗎？要知道，它們可是愛情以外的生活主宰！

70 走路最怕穿錯鞋，婚姻最怕受折磨

婚姻如鞋，你選擇了和某個男人結婚，就像選擇了一雙鞋。它「穿著舒服與否」只有你自己知道。雖然這個道理很簡單，但是走錯的女孩子還是不在少數的。因爲鞋子太漂亮，別人也羡慕不已，一衝動打包就拎回家，但是苦日子可在後面呢。走路最怕穿錯鞋，婚姻最怕受折磨，如果你的鞋子漂亮但特別磨腳，趕緊趁著鞋腳沒有兩傷就快去換上一雙，千萬不要自欺欺人裝出幸福的模樣，背地裏卻是淚流成河。

而你在選擇婚姻的時候，不妨去掉自己的「漂亮」主張，多聽聽過來人的建議。因爲有人經歷、穿過了婚姻的鞋，他們知道，對於婚姻來說，舒適比漂亮要重要得多，漂亮雖然可以當擺設可以欣賞，但是卻不實用。

所以，女孩子，在你選擇一個男人準備結婚的時候，一定要看看他是不是真的適合你。哪怕他再帥，再有錢，再是你的白馬王子。要知道，白馬上馱著的不僅是王子，還可能是唐僧，他怎麼會適合你呢？

男人和女人就像一雙筷子，一支長了或者另外一支短了，都會使用起來不盡人意。如果好的話，長的一方需要把自己變短，以適合短的一方，但是在結婚後，那個人真的會犧牲自己的「長」來配合你的短嗎？或者，你真的會犧牲自己的「長」來配合他的「短」嗎？即使現在你敢肯定，但是事實走到眼前，這就不是你們兩個人可以決定的了。爲什麼在最初的時候，不找一支和自己一樣長的筷子呢？爲什麼非要到了結婚之後再等到兩個人爭辯誰應該爲對方犧牲，誰應該理解對方呢？

其實，找一支合適的筷子真的那麼難嗎？不是的。如果你是魚，你知道自己要嫁給水；如果你是雄鷹，你知道自己要嫁給藍天；如果你是小花，你知道自己只好嫁給花盆吧！而你是香煙卻非要嫁給火柴，那就等著受到傷害吧！魚在水裏可以暢游，雄鷹在天空可以自在地飛，小花在花盆可以開放得絢爛，這就是適合。而如果你們適合：你們在一起就像一對感情很好的朋友，一起生活、互相幫助、學習；你們還會像家人，當你生病了，他會像家人一樣照顧你；你們有時候又像是事業的夥伴，他會告訴你前面你應該怎麼走，幫你出謀劃策，出現困難，他會第一時間在你面前，和你一起共度難關。

有人說，那就找和自己一樣的人。這樣大家容易理解對方。其實這不一定，如果你是火爆脾氣，他比你還火爆那就壞了。這時，你應該找一個冷靜一些的人。當然性格太矛盾也不大好，當一件事情都無法得到共同的意見時，最終的結果只能放棄，其實當時按照其中一個人的方法去做都可以得到完美的解決。總之，適合不適合，自己的心裏最明白，你們可以彼此相似，你們也可以互補，只要你知道，這個男人不僅是你的男人，只有他適合你，你才會更好命！

婚姻如鞋也許你早就聽說，但是許多女人直到三十歲的時候，才能體會深切。到了那時，她們會選擇舒適比漂亮多一點的鞋子。因爲舒適的鞋子才會讓她走得遠，走得輕鬆，而擁有這樣的鞋子，她也就不會害怕崎嶇的路，不會讓自己摔傷！

71 好女人和好男人在一起也會造成婚姻悲劇

幸福的婚姻有一個共同點，妻子和丈夫都特別「好」。這種好，不僅僅是家務做得好，孩子教導得好，這都是婚姻的形式，但凡「貌合神離」的悲劇婚姻都有著這樣的特點。有這樣一個家庭：女人是非常好的女人，從結婚之日起就努力操持一個家。清晨五點鐘她就會起床，爲一家老小做早飯；一天到晚，她總是彎著腰刷鍋洗碗，家裏的每一個鍋碗都沒有一點兒污垢；刷完碗，她還會蹲著認真地擦地，她家的地板收拾得比人家的床還乾淨。

這家的男人也是好男人。不抽煙、不喝酒，工作認真、踏實。男人每天都會準時上班準時下班。當然對待孩子，他也是個負責的父親，經常督促他們的功課。

這樣的好男人和好女人組成了家庭，在外面看是幸福極了。別的男人總是讓自己的老婆學習這家的女人，別家的女人也讓自己的丈夫學習這家的男人。但是，當事人並不覺得自己幸福，男人總是悄悄地嘆氣，女人想自己一天到晚忙個不停，但是男人還是不滿意，覺得自己很委屈，所以，累壞了的女人也總是偷偷地哭泣。

爲什麼這樣的好女人和這樣的好男人在一起，卻總是覺得不幸福呢？很簡單，老婆不是廚娘、保姆，丈夫也不是家庭教師。女人和男人在一起，就像釀酒，不是水和米放在一起就好了，還需要發酵，兩個人只有共同地融入對方，才會釀成幸福的「酒」。

上面的故事還沒有結束：

一天，吃晚飯，女人收拾完碗筷，要去擦地板，男人說：「老婆，來陪我聽一聽音樂。」

女人愣了一下，心想「我還有……事沒做完呢」。但是話到嘴邊，女人突然明白了什麼，於是和男人一起聽音樂，音樂聽完了。丈夫和妻子一起擦地板，一邊擦，一邊聊天，兩個人都感到了前所未有的幸福！

更令女人吃驚的是，他們開始真正地彼此需要，以前他們都用自己的方式愛著對方，而事實上，那也許並不是對方真正需要的。

很簡單，妻子明白了，無論自己做再多的家務，那還是自己做，根本沒有讓丈夫感到任何的幸福，丈夫需要的不是她的家務，而是她的陪伴。婚姻就像一支以女人為主的華爾茲，舞跳得好不好，很大程度上取決於女人怎麼帶。傻女人只知道自己勞動，以為勞動就是自己的婚姻幸福，聰明的女人知道，和丈夫一起分享才是婚姻的幸福，無論是分享家務，還是分享對方的感情。

有慧眼，就可以靠婚姻改變命運

年輕的女孩都知道，一個好婚姻可以讓本為小麻雀的自己飛上枝頭變鳳凰。一個男人結婚後，生活一時間可能沒有什麼改變，但是一個女人的生活可能就會出現翻天覆地的變化。

並不是每個女孩子嫁給一個男人就有了好運。因爲男人而成爲鳳凰，有的女人還會因爲男人，從鳳凰變成麻雀。男人有時就像股票，已經在峰頂的男人剩下的時間只有貶值，而對於那些正在爬升的潛力股男人，未來的時間正是升值的時候。而一個女人是否找到一個可以變成鳳凰的男人，並不在於這個女孩子長得是否很漂亮，而是看這個女孩子有沒有一雙發現好男人的慧眼。

一個好男人不是他現在有多少資產，如何會調情示愛。資產可以在瞬間化爲烏有，愛情也會因爲時間的流逝而蒼白。而那些外表、長相、身高之類的條件，純粹是審美意義上的判斷，就像一支股票的名字，好聽與升值並沒有什麼關係。一個女孩子千萬不要因爲這些與「好命」無關的條件而迷惑。當然，如果一個男人有了以下這些如才識、膽量、野心等升值因素，再具有上面那些就更完美了。但是這樣的男人恐怕只有電視劇裏才有，所以女孩們，千萬不要做「捨本逐末」的事情，這會斷送你一生的好命。

那麼，具體來說，什麼才是你要找的好男人呢？

責任感

一個男人具有責任感是婚姻幸福的前提。只有男人有了責任感才會爲自己的老婆孩

子而努力拚命，也才會在事業有成的時候，不會忘記對家人的關愛，去陪家人一起享受人生。所以，不要聽某個男人開口說，十年後，我應該有多少多少資產。這些都是沒有什麼意義的，即使他真的有了這麼多資產，你也不見得會過得幸福。有錢卻不幸的女人多了！

而那些說，我最大的理想就是讓我的家人幸福的男人要顯得更加可靠一些。

成功欲望和成功計畫

要成功，男人一定要有成功的欲望與衝動，這樣他才會有成功的方向和目標。一個用嘴說的男人，永遠沒有用行動去執行的男人來得可靠，所以對於自己的目標和方向，這個男人要有很清晰地計畫，這些計畫會因爲這個男人的成功欲望走上日程！

挑戰精神

一個男人沒有去挑戰的精神，只能讓自己的機會喪失。一個具有挑戰精神的男人，具有沉穩、平靜、蓄勢，等待的一連串挑戰的必備條件，只要他們看到機會，就會孤注一擲，努力尋找成功。

堅強的毅力

沒有毅力的男人無論做什麼都不會成功，即使成功也只是暫時的。他們害怕長久地等待，害怕時間帶來的風險，也因此，他們就會失去一個又一個機會，自然也難以成功。而一個擁有毅力的男人，他們會一直堅持自己的理想，不會因爲挫折打擊而放棄，成功也就更爲傾向於他。另外，個人魅力、自信、良好的人際關係、好奇心、強健的體魄也是一個升值男人的必需要素。

一個女人，你找到你的升值男人了嗎?找到的話，千萬不可放鬆，如果沒找到，也千萬不要因爲一時湊合，而把自己打發掉，這樣，你只能剩下「苦命」的人生。

要想嫁個金龜婿，就要像金龜一樣思考

我們知道比爾．蓋茲的夫人美琳達並不漂亮，身材也並不出眾，不過，美琳達勤奮好學，並且有兩個學士學位，當她畢業進入微軟公司後，業績也是相當突出的，並且很

快被上司提爲部門主管。不久，就成爲公司的主要幹部。因爲她的出眾，所以很快得到了比爾·蓋茲的青睞，最終嫁給了這個世界級的富翁。微軟肯定不只一位女性，爲什麼只有她成爲蓋茲的妻子呢？這要從蓋茲說起，比爾·蓋茲像許多創業者一樣，除了高智商之外，還有拼搏的精神和很強的事業進取心，而具有這些特點的女人自然也會得到蓋茲的欣賞。女人在男人世界裏獲得成功的難度要遠遠高於男人，但是美琳達最終成爲微軟的得力幹將，這就證明了她的拼搏精神和事業進取心，而能夠做到這樣的女人恐怕也是鳳毛麟角了，最終蓋茲選擇美琳達也就成爲了自然。

世界上只有一個蓋茲，但是世界上的金龜婿可不只是蓋茲一個，要想找到金龜婿，首先要知道金龜都是什麼樣子。

金龜的特點：

家世顯赫，典型特徵爲「集團」或者「財團」；家底豐厚，身居要職；氣質出眾；國外頂尖學校畢業；涉獵範圍廣泛，但是對於某個方面想當精通，甚至超過專家。

如何識別金龜：

並不是每個女孩子都可以找到金龜的，要知道在你找金龜的時候，有些男人也在渾水摸魚，想要找到一個「女金龜」。所以，你一定要學會分辨真假金龜。

・衣裝

不要誤以爲金龜全部都是西裝革履的，那是他在正式的場合才會這麼做。而平時，誰願意總是穿西服打領帶地滿街跑。也許你看到的那個西裝革履的是個正在奔命的小業務員。所以，那些看起來毫不起眼的人，比如穿著拖鞋，保全也不進行阻止就可以進入豪華餐館的男性更是金龜一些。

・舉止

那些剛剛和你接觸就想對你動手動腳的男人，肯定不是什麼金龜，恐怕是大街上打劫的「登徒子」。一個金龜是受過很好的教育的，並且家教好的話，他還會很保守，最重要的是尊重你。

・談吐

金龜不會向你炫耀他家裏有多少存款，也不會對你說，送你戒指、項鏈、跑車。因爲那在他們看來只是身外之物而已。一個金龜一般來說，對於他的金錢問題是比較回避

的，因為他不知道怎麼回答你。

・車子

金龜都是有車子的，同樣金龜也都有司機。所以誰是老闆，誰是司機，你一定要分辨清楚。因為金龜的司機也是不能邋遢的，平時也是西裝革履，不過因為司機的職業，你會發現他會整天開著車子，並且在約會的時候就會不得已忙去了。而金龜是有權享受自己的約會的，雖然他很忙。總的來說，想要釣到金龜的女孩子，先要學會像金龜那樣思考，這樣你才會釣到金龜，對於你本身，雖然不是女金龜，也要努力成為女金龜，這樣，你才能更加貼近金龜的思想和金龜的生活。

74 再多的「我愛你」抵不上一句「我娶你」

女孩子總會遇到兩種男人，一個是自己愛的，是一個是愛自己的。如果，這兩個人是同一個人，那麼，女孩子的幸福愛情也就來了。但是現實生活中，這兩個人總是分開的，所以，女孩子總會掰著玫瑰花，傻傻地問：「是他？還是他？」但是玫瑰掰了滿地，還是那個問題。最後，不論女孩子可能選擇了其中哪個談戀愛，但是到了結婚很可能又變成另外一個男人。

和自己愛的那個男人在一起，開始會覺得很快樂，也很幸福。但是，時間長了，那個男人如果仍然不愛自己就成了問題。因爲很可能這個男人在兩個人準備結婚之前，拋下新娘選擇了自己愛的那個女人，或者選擇自己的愛情自由。

當然也有另外一種可能，女孩子往往爲了獲得男孩子的愛，而事事遷就他，但是生活不是遷就，當女孩子懶於遷就的時候，兩個人就以分手而告終。相反，和不愛自己的男孩子在一起，主角換了位置，情況並沒有多少的改善。

所以，最終，女孩子可能就會和一個肯娶自己，而自己也沒有太多的精神負擔的男人結婚了。是的，愛情和婚姻有聯繫，但是絕不是同樣的事情。

沒有哪個政府會爲愛情發個愛情證書，但是婚姻的證書卻是國家法定的。現在的愛情，有時候就像遊戲，男人今天可能對你說「我愛你」，但是明天還是這張嘴，就會說「對不起，我已經不愛你了」。

但是，面對婚姻的時候，那個男人絕不會輕易地對你說：「我們結婚吧！」因爲他知道，結婚絕不像愛情一樣，可以今天結婚，明天說離婚。

婚姻對於男人而言，代表著一種義務和責任，無論他是否愛這個女孩子，結婚之後，他都要履行一個做丈夫的責任。

現在大多男人只喜歡愛情，不喜歡婚姻，也是因爲如此，因爲愛情對於他們來說，責任和義務要小很多，甚至於不負責任，至少在法律上，沒有一個男人因爲愛一個女人，不和她在一起，就要受到法律的制裁，但是婚姻卻可以，一個不負責任的丈夫，如果出現了對婚姻的不忠，就會受到制裁。

由此可見，愛情在婚姻面前也就顯得十分脆弱。愛了，或許只是瞬間，或許是一生一世，男人很少去想自己的愛是不是可以給女孩子一生一世，但是他們會說「我一生只愛你一個人」。

甚至這句話的潛臺詞是「即使我們不在一起」。愛情是浪漫的，浪漫下的愛情缺少太多實在的保證，而婚姻是現實的，因爲不出意外，年輕的男女都會認真地對待對方，認真地生活，沒有哪對男女結婚是爲了離婚。

西方人結婚一般都在教堂中，面對主（他們的信仰），面對他們的親人，鄭重宣誓，無論對方是貧窮，是富有，都會對他（她）不離不棄。婚姻的意義已經上升到了宗教層面和社會層面，這種正式的場合是戀愛沒有的。

當一個男人娶了一個女人，就表示這個女人是他生活中的唯一，他沒有權利在這個時候，再去找另外一個女人，婚姻極大地限制了男人的「愛自由」。所以，錢鍾書的《圍城》裏說「婚姻就像圍城，外面的人想進來，而裏面的人想出去」。這就是指婚姻對「愛自由」的限制。一個男人願意爲你獻出自己的「自由」，已經說明了他對你的重視，而愛情則沒有這層意義。

所以，在男人嘴裏吐出一千句「我愛你」，也不如他的一句「我娶你！」當一個男人在你面前海誓山盟的時候，千萬不要衝動，以爲他就會娶你，這只是愛情帶給你的錯覺。不要貪戀男人嘴裏一時的愛情，如果這個男人說不出那個「我娶你」！那麼，這只是一場暫時的「風花雪月」，不是生活的本身。

五大黃金問題，讓你的婚姻成功

結婚對於女孩子來說是多麼幸福和欣慰的事情！每個穿上婚紗的女孩子都是最漂亮的，因爲對她來說，一切都是新的開始，當走向婚姻時，就像走向了一個嚮往已久的殿堂。不過，你想好了去怎樣經營自己的婚姻嗎？

有些女孩的婚姻以失敗而告終，很顯然，這是因爲她對婚姻作出了錯誤的選擇。如果我問你「爲什麼要結婚」，可能你會回答因爲愛。要知道熱戀的男女是最不理智，所以你不能把一生的幸福僅僅建立在愛的基礎上。另外，千萬不要爲了結婚而結婚，這顯然是最愚蠢的。

赫利勒·紀伯倫說，「聰明的夫婦一般靠友誼作爲維持婚姻最穩固的基礎。還要志趣相投，能夠共同交流並理解對方的想法與夢想。」

如果你們之間有了愛，你還需要用下面的五個問題來問一下自己，用它們來判斷一下你是否能保持穩定的婚姻。

(一)我可以輕鬆自在地與他交流嗎？

無論在處理同性關係還是異性關係時，這個問題都是最關鍵的。如果你能開誠佈公地和這個人溝通，能信賴你所愛的人，能誠懇地與他交流。那麼，這說明他對你來說，在情感方面是很安全的。

但是如果你因爲怕受「懲罰」，或不願聽到他的評價而不敢表達自己內心的感受，那也許你們並不適合在一起。要知道，任何良好的關係建立，都是以信任和溝通爲基礎的，婚姻也不例外。

(二)我們是否有共同的生活目標？

每個人都會對自己的人生有設想，如果你設想自己的生活應該是「世外桃源」型的，而你的那一半設想的卻是「繁華似錦」型的，那麼你們可能不適合在一起。

如果你希望把生命中幾十年的時光與他一起度過，那你就需要讓你們的目標是一致的。雖然吃飯、睡覺、教育孩子都是這些時間中的一部分，但是在這之外，你們還需要有彼此共同奮鬥的事情，這樣你們才會因爲分享這種事情而覺得生活有意義。而這就是將兩個人聯繫在一起的除去愛情之外的人生紐帶。

(三)他是否是一個細心體貼有內涵的人，並關注個人發展？

你嫁的這個男人，他需要帶給你幸福，但是，如果你的男人本身就是不思進取，不懂得關心照顧人，那麼你的婚後生活應該有很多麻煩，因爲你會發現，自己嫁的不是一個男人，而是一個脫離生活的人，他需要你的照顧，讓你成爲他的第二個母親。所以，你要確定你的男人是致力於個人成長的人，而不是只想坐享其成的人。

(四)他怎樣對待別人和自己？

一個人怎樣對待別人，就能看到這個人會怎樣對待你。如果你的男人不愛他的爸

爸媽媽，對朋友只是利用，甚至在他的嘴裏，前女友都是百般毛病，那麼這樣的男人現在可能對你很好，但是結婚以後，他可能就會恢復自己的本性。千萬不要那種自殘的男人。要知道這個煙頭燙在他身上，下個煙頭可能就會燙在你的身上。

（五）我想改變他嗎？

如果你想改變這個男人，那麼你還是先考慮一下再結婚。因爲如果這個男人可以改變，那麼這根本不是你的事情，他的爸爸媽媽已經把這件事做好了。不要太高估自己的力量，想改變一個男人，那麼帶給你的將是無限的煩惱。婚姻是需要包容的，如果你不能包容他的那些缺點，那麼最好先不要結婚。

76 女孩一定要忌口的「婚姻禁語」

年輕的女人總是被男人慣著寵著，即使女人做錯了，男人也要在旁邊道歉，賠不是，而男人錯了，女人就要好好地修理他一番。

趁著年輕，女人還會有恃無恐地教訓自己的男人，質問自己的男人，態度自然不好，語氣也是大大讓人光火，不過，如果你是聰明的女人，當你對男人說這幾句話時，一定要小心。

你去哪了？

當自己的男人深夜到家，你自然會問：「你去哪兒了？」如果下句是「我都擔心死了。」男人會覺得自己好幸福，覺得自己娶了這樣一個溫柔體貼的老婆實在是「三生有幸」！

不過，如果女人的下一句是「和誰鬼混去了」？男人的心火馬上就會上湧，娶個老婆，原來是娶回來一個判官，自己連回家的自由都被限制了！如果你再來兩句「幾點到幾點之間，你在幹什麼？」確定男人有沒有作案時間，此時男人想想會多麼氣憤。誰喜歡自己被當罪犯審呢？

聰明的女人絕不會做後面的那個判官，她知道自己這樣問，本身就是對老公的不信任，如果婚姻出現了不信任，那麼，破裂的空間就會迅速增大。

也許，你的老公會老老實實地告訴你，他每分每秒在做什麼，這只能表示他愛你，在意你，但是，如果你總是這樣，他還可以忍受嗎？

你瞧瞧別人！

如果你的男人對你這樣說，你肯定也會火冒三丈「怎麼，你喜歡人家，那你要我幹嘛啊？」不過，男人不會像女人那樣小心眼，他可能只是笑笑而已。

但是，女人不要以為用這樣的話抱怨男人在某方面的無能，男人就會事業心大增，相反，這會讓男人自尊心大受傷害。聰明的女人絕不會對自己的男人這樣說，她們會對男人說，我們需要在某些方面提高。要知道，男人的不成功，女人也有一半責任，既然如此，就要兩個人共同承擔。當然，如果女人不能幫助男人很多，那麼，就更不能去諷刺男人了，因為在這個時候，你需要做的只是安慰和鼓勵！

要知道沒有哪個男人希望自己是弱者，有了你的支持，他才會更加努力！

誰的電話？

男人的電話響了，女人會很習慣地問「誰呀」？戀愛的時候，男人會很大方地給你看，不過結婚之後，男人就很少這麼自覺了。

千萬不要因此去翻男人的手機，這會讓你的形象大大受損，畢竟那是男人的個人空間。男人的手機上肯定會有女性的名字，有的是同事，有的是同學，當然還有客戶之類。但是這些人並不是女人都知道的，當然，男人也沒有必要全部告訴女人，因爲這是他的事情。

其實，只要你的男人愛你，忠於你的婚姻，那你也就不必那樣「無是生非」地搞個第三者，這不是自尋煩惱嗎？幸福的婚姻需要相互的尊重和信任，每個人都有自己的空間，當你踏入了別人的空間，也就失去了對他的尊重和信任。由此婚姻的基礎也就喪失了。許多不幸福的開始，都來自於尊重的喪失。要知道，兩個人再親密也是兩個人，不是一個人。

都怪你！

女人喜歡撒嬌，即使自己做錯了事情，也會對男人說「都是你！要不是你，我怎麼會出錯？」心胸寬大的男人也許會笑著對女人說「是我，是我」！

戀愛的時候，誰對誰錯，男人大度的情況要多一些，但是到了婚姻，家庭的一些瑣事也就多了起來，誰還有心去想到底是誰錯了？一次兩次可以，但是次數多了，男人自然也就不幹了，因爲他什麼也沒有做，爲什麼每次錯誤的總是他？

其實，女人自己做錯了，承認一下「我錯了」又有什麼呢？男人因此還會覺得女人更有魅力，更加大度，對曾經的小女人刮目相看。

10
Chapter
二十幾歲女孩
一定要懂得的
人情世故

女孩行走江湖，面具必不可少

小的時候，曾經以爲世界就是那麼簡單，長大了才知道，它並不像我們想得那樣天是藍的，花是紅的。天也一樣會黑，人也一樣會複雜。當然，過了一定的年紀，發現其實世界也並不是那麼醜惡。不過，無論世界是什麼樣子，自己還是要有個面具比較好，不然只能最後落個吃力不討好的下場。

有朋友跑來向你哭訴，男朋友很不好，不僅打她罵她，還花她的錢吃她的喝她的，那個男人在她的嘴裏十惡不赦，該千刀萬剮，下油鍋。憤然的你，想到自己的朋友受到委屈，恨不得把那個男人抓來暴揍一頓。不過，自己畢竟是個女子，所以沒有行動。但是你開始心地善良地勸朋友趕快和那個男人分開。你忘記了一句老話「寧拆一座廟，不拆一家親」，女孩子並沒有你想的那樣和她的男友分開。不久，兩個人竟然喜結良緣。你前去送紅包，沒想到收到的卻是白眼。

吸取了這個教訓，你就明白了，有時候人生就像跳假面的舞會，再也不要夾著尾巴做什麼好人。有了假面，單純的你受到的傷會少很多，不然，你會被誠實人說不懂事，被聰明的人說愚蠢，被老實的人說陰險。總之，你都不知道自己到底是什麼樣子了，就像是牆頭的草，誰說什麼，就是什麼。

你開始對著你不喜歡的人笑，對你喜歡的人也笑。你再也不去衝動地告訴別人自己是哪個部門的誰誰，而是等別人自我介紹之後，自己再簡單介紹一下。你開始明白，樹大招風，小樹要是招風，也會被人搖晃。

公司裏新來了一個年輕女職員，雖然很多人都說這個人不好，因爲這個女職員見人說人話，見鬼說鬼話。不過，不久她就被提拔做了公關經理。在她上任之前，做了專門的培訓。培訓的人說：「其實見什麼人說什麼話本身沒有什麼問題，問題在於，你不能讓人意識到你的不真誠、你的心機。否則，這只能讓你在沒有達到你的目的之前，就被人家甩白臉。」

一番談話，讓新上任的公關經理「懂事」起來，人情世故，規矩禮數，都拿捏得比較分寸了。也學會了站在他人的位置上去感受自己的言行。

魯菜中有一道叫做「開水白菜」，看似清澈見底，但所有精華都濃縮在湯水中。吃起來口感淳厚，回味無窮。作爲女人的你，如果帶上假面之後，仍然可以「清澈見底」，就是很厲害了。無論遇到什麼事情，都可以保持輕鬆、以單純的心態，冷靜地辨好。

女人假面做到這樣才不會爲別人所利用。比如在勸解某個同事之後，還被人家拿來做自己的「反面教材」，何苦呢？

78 該裝傻的時候裝傻，該聰明的時候絕不含糊

在街上遇到一個朋友，新婚不久的她卻沒有幸福的模樣，反倒怨氣沖天。她氣憤地說：

「我對他那麼好，給他洗襪子，給他買襯衫，給他做早餐、晚餐。現在，他竟學會跟我撒謊了，明明是去朋友家喝酒，非跟我說去陪客戶，被我發現了，他竟然說怕我生氣上火，這算什麼理由?!」

勸了幾句，朋友還是心情不爽，於是又回家和老公理論去了。

女人在意男人，在意男人的每個毛孔是不是想著她，念著她。不過，男人還是男人，總不能因爲自己娶了一個老婆，就把自己永遠地拴在女人身上。爲此，女人會不爽，男人怕女人不爽，但是又不想委屈自己，所以學會了欺騙。但是，騙女人，帶來的則是一個全新的「怨婦」。其實，女人裝裝傻又怎麼樣呢？因爲這樣雞毛蒜皮的小事，就把自己弄成經歷了風霜的「婆娘」，男人還會喜歡這樣的女人嗎？婚姻本身就是兩個人的包容，既然知道了男人撒謊，也知道了男人「懼內」而撒謊，那麼，就裝作自己不知道好了，然後，適當的時候提醒他一下，會朋友可以，但是，還是要適度。當然，男人也會心知肚明，從另一方面還會爲娶到這樣聰明的「傻」女人而感到幸福。不然，兩個人真的計較起來，大吵一架，論個誰對誰錯，還有婚姻的幸福嗎？

生活中，誰沒有個小毛病小愛好呢？既然愛這個人，全心全意地愛他，那些問題也就不需要過多地深究。聰明的女人，不會把所有的事追究個一清二楚。因爲她知道就算自己有一雙火眼金睛，世事洞明，但是算來算去，還是讓自己受傷，甚至會連累婚姻。

婚姻也是「求同存異」的組合，只要婚姻生活的大方向是正確的，你的老公愛你，愛工作，愛家庭，這就夠了。聰明的女人知道，這才是婚姻的幸福，難道嫁給了老公，就讓老公成爲你的「跟屁蟲」，這樣，你才算是幸福的嗎？

聰明的女人會在該裝傻的時候裝傻，該聰明的時候聰明。小事可以當做過眼雲煙，大事卻要親自和老公一起商量。聰明的女人知道什麼事情不能錙銖必較，也知道什麼事情必須較真。小女人有的只是小聰明，既不能保護自己，還會傷害老公，大女人有的是智慧，既可以讓自己活得舒心，還可以保護自己的婚姻。

79 像避開地震和毒蛇一樣避開爭辯吧

對於男人來說，女人爭辯是很「難看」的事情。因爲女人只有在爭辯的時候，才會把自己的淑女形象放在一邊。

聰明的女人知道，和一些人爭論一些無意義的小事，本身就是愚蠢。因爲即使你爭論贏了，別人無話可說了，但是一樣對你沒有什麼好處，只能讓別人記恨你罷了。另外，被一群人圍在當中看自己面紅耳赤地因爲雞毛蒜皮的小事爭論，既缺少形象，又沒面子！當然，那些觸及自己尊嚴、觸及自己價值觀的事情，進行必要的爭論還是有意義的。這是維護自己的利益。

關於爭辯，林肯是這樣和年輕軍官說的，當時這個年輕軍官和別人有了矛盾：

「一個成大事的人，不能處處與人計較，耗費自己的時間和精力去與人進行爭辯，無謂的爭辯，對於自己的性情不僅是一種損傷，還會失去自己的自制力，在盡可能的情況下，不妨對別人謙讓一點。就如同與一隻狗搶行，你不如讓這隻狗先走，否則，被狗咬了一口，即使後來你把這條狗給打死，也恢復不了你的傷口！」

年輕的女孩子，如果你有時間做一些無謂的口舌，還不如去做一些更有意義的事情。如果你想獲得爭辯的最大勝利，那就是儘量地去避免爭辯，就像是避開地震和毒蛇一樣！暫時的勝利可能會讓你覺得自己很厲害，但是也許從此你也得不到對方的好感了。並且，如果與你爭辯的是小人的話，可能還會給你做些手腳。何必爲自己找這些麻煩呢？

不管三七二十一的直性子，讓你一敗塗地

每個女人都希望自己永遠率直單純，做事不必瞻前顧後，不必察顏觀色，想怎樣就怎樣！但是，你做小女孩的時候可以。當我們一天天地從女孩變成女人的時候，還可以嗎？

很簡單，不可以！因爲這樣做只能讓你一敗塗地！

每天女人可能都要扮演好幾個角色，從妻子到媽媽，從媽媽到公司職員。聰明的女人知道，自己要做該做的事情，而不是自己想做的事情。但是更多的女人還是喜歡做自

己想做的事情。也因此，我們看到女人多是容易偏激衝動，但是男人就少了許多衝動，很簡單，男人更容易克制自己的「率直」。因爲一時的無謂率直對你的生活和工作毫無意義。難道自己大哭一下，就可以升職加薪了嗎？難道自己發一頓脾氣，老闆就會改變對自己的看法嗎？難道自己和同事宣洩一下，所有的工作問題就都可以解決了嗎？

當然不可以，甚至這些做法還會帶來更多的麻煩和苦惱。年輕的女孩子往往缺少這種意識，以爲自己痛快了，就真的什麼都沒有了，這種想法是很幼稚的。

一個人自己想要做成功什麼事情，最好的方法是，先平心靜氣地把自己的意見表達出來，然後心平氣和地聽別人說完。只有這樣才能贏得別人的尊重，也才能讓別人來幫助你。而不能控制自己的情緒，最終只能落個吃虧的下場。

81 對失意的人不說自己得意的話

不管是家庭還是事業，每個人都會有些喜事，當然在喜事的同時，也會有人心情不好。如果你是喜事的主角，是那個春風得意的人，你自然難掩心中的喜悅，恨不得告訴全世界的人，你升官了，發財了，找到一個金龜婿了……當然，大多數人還是很喜歡分享你的喜悅的，會大大的恭喜你，甚至給你舉辦一個慶功宴。但是，你注意到有一些人並不高興嗎？相對你來說，這些人就是失意的人，在他們面前，無論你多麼「人逢喜事精神爽」，你都要「壓抑」一下自己心中的「得意」。

聰明的女孩子知道，在失意的人面前，不能說得意的話。失意的人本身心情不好，情緒也不穩定，他希望的更是一些安慰鼓勵和一個小小的祝福，而不是你想要索取的「優越感」。

所以，為什麼不放下你的「得意」去安慰一下他們，給他們提供你力所能及的幫助呢？當然，這種幫助要從心底出發，不然，你在他們眼裏就會成為「貓哭耗子假慈悲」的人。

適當的給人幫助，這會讓你的人生走得更加順暢，一個人不可能都是一帆風順的，自然也不可能都是倒楣連天的。

也許當初你的幫助只是一點點，比如，一句鼓勵的話，一些微不足道的資助，但是在別人的心理意義就重要的多。自然，當你處於失業或者家庭「失意」的時候，這些點滴的幫助，就成為你擺脫困境的源泉。

即使是自己能辦的事，也不要馬上答應

週末和老公一起逛街的時候，遇到同事小雅一個人百無聊賴地走著：「小雅？你怎麼在這裏？不是和娜娜說好一起去外面郊遊的嗎？」

「娜娜來了個朋友，所以，我就只好一個人了。本來這週末是計畫去一個日語老師那裏學日語的，結果讓娜娜弄得日語也沒有學成，盼望的郊遊也泡湯了。」小雅越說越生氣，「以後，再也不和娜娜作什麼計畫了，真是耽誤時間！」

生活中總有些這樣的女孩子，本來答應好別人的事情，但是到了關鍵的時候，卻又做不成。把別人耽誤不算，自己還落得個沒信用的標籤。當然，這些女孩子並不是想這樣沒有信用，有時這樣的女孩子還是挺熱心的，喜歡幫助別人，但是到了關鍵的時候，卻總是辦不到。所以，總是會落個好心沒做成好事，反倒招來別人的不願意。

爲什麼經常在這樣的女孩子身上出現這樣的事情呢？很簡單，她們說話說得太滿，總是不經大腦就把事情答應下來了。於是等到自己去做的時候，才發現本來很簡單的事情就變得複雜很多。要想改掉這樣的缺點，讓自己成爲一個有信用的女孩子，要做到以下幾點：

不要輕易答應別人

有的人喜歡說大話，喜歡爲自己攬活。但是這樣的人總是忘記：答應的事，就像欠下的債。如果你喜歡攬活，只是隨口說說，那麼你說的話算是什麼呢？所以，記住，即使你只是隨口說說，你也需要付出，只不過付出的有多有少而已。否則，人家在那邊苦苦等待，你在這邊卻早就把這件口頭的約定拋到腦後去了，等到人家問你事情辦得怎麼樣，你肯定說不上來，到那時候，再去說「對不起」，人家肯定覺得你是在放鴿子，這就會造成沒信用，不尊重人的印象。

答應別人的事情，一定要放在心上

生活中一般都是小事情，就像上面娜娜和小雅約定好週末郊遊。本身很簡單，所以也就很容易實現，但是這樣的小事，有些人總是因爲簡單所以就不放在心上了。當然，有的女孩子可能比較健忘，答應別人的事情，也想很好去做，但是忘記了，所以也會爲自己帶來沒信用的惡名。這樣的女孩子就要做個備忘錄了。在答應別人之前，先看看自己的備忘錄，看看是不是已經和別人約好了，以防撞期。

給自己留些餘地

話不要說得太滿，許多女孩子喜歡把話說得很滿，「沒事，你放心，這事我辦肯定沒有問題」。當然，你給人家這個許諾，人家當時會很高興，所以也就覺得事情可以解決了，不用去做別的準備了。記住，人家這樣做是因爲人家相信你。當然，有的時候，希望越大，失望也就越大，原來你可以輕而易舉做到的事情，到了現在可能就是很麻煩的事情。事物總是變化的，沒有一萬還有萬一呢。當事態變化到你不能把握的時候，自然答應人家的事情也就泡湯了。而你原來和別人的「信誓旦旦」也就是打自己的耳光。當你再去和人家說「沒想到……」，此時人家肯定不會給你好臉色。

沒有做到的事情一定要誠懇道歉

當然，有些事情總是出乎我們的意料，如果你經過再三努力仍沒有做到，你就要誠懇地說明原因，表示歉意。不要說完了，自己沒有做到，但是也不給人家回應，這顯然會讓人以爲你把事情忘記了。人家對你也就「刮目相看」了。

和人說話辦事首先表現的就是一個人的信用，也許你覺得自己在小事上可以疏忽一下，說個「對不起」就沒有事情了，但是長期下來，你沒有了信用，就再也沒有人找你辦事情了，當然，你也就錯過了許多做大事的機會。老人總是說，「嘴上沒毛，辦事不牢」，指的就是年輕人，因爲年輕氣盛，我們總喜歡幫助別人，喜歡說一些自認爲簡單的事情，但是這給我們帶來的卻不僅僅是一個「對不起」能承擔的。

所以，年輕的女孩子，雖然我們可以張狂，但是還是要以穩重爲先，這樣，別人才會看重你，尊重你。

不要為了面子，充做「全能女孩」

相對男孩子來說，女孩子更注重自己的面子，爲了自己的面子，有時候也會稍微地裝裝樣子，本來自己囊中羞澀，但是人家一句「這件衣服，你穿上去很有氣質」，於是，毫不猶豫地解開了錢包。當然，還有另外一類「全能」女孩子也會爲了自己的面子，不懂裝懂，做一些讓人覺得可笑的事情。生活中總有些女孩子，爲了自己的面子，喜歡不懂裝懂，愛吹牛說大話，但是到了最後，謊言被拆穿，不僅讓別人嘲笑，更是讓自己沒有了面子。當然，信用也就大大降低了。

在生活中的一點小問題不懂裝懂，可能別人會心的一笑，也就不去和你計較了。不過人家可能從此以後對你敬而遠之，因爲在他們看來，你是一個沒有自知之明的人，更多的人也會因爲不信任你而拒絕和你交往。所以，我們看到那些喜歡不懂裝懂的女孩子，交際都不是很好。當然，她們可能也會有一些朋友，那些無非是一些和自己一樣，愛表現，同樣是不懂裝懂，反正大家哈哈一笑就過去了，但是這樣的朋友又對自己有什麼幫助呢？

如果這些人在工作中仍舊不懂裝懂，那麼不僅自己不會學到更多的東西，反而可能會給公司造成不好的影響。等到再去對老闆說：「經理，我不大擅長……」此時老闆肯定火冒三丈，自然他不會因爲顧及誰的沒面子，而讓他留在公司。因爲對老闆來說，這樣的員工已經喪失了基本的職業道德。

對別人坦白本身就是人的美德，如果不懂裝懂，自以爲是，那對別人來說就是欺騙。其實，當自己遇到不明白的事情，完全可以讓別人講解清楚，請教自己不懂的問題本身就沒有什麼丟臉的，並且自己還增長了學問，所以古人說「不恥下問」，也是這個道理。古希臘哲學家也說過「就我來說，我所知道的一切，就是我不知道。」對於這樣才富五車的人都說自己是「我不知道」，那麼我們平常之人還有什麼可以「顯示」的呢？

即使不是大人物，也要用請教的態度和口吻

有一些年輕漂亮的女孩子總是很奇怪，想和別人聊天，但是別人總是敬而遠之；想去問個問題，別人回答得也很含糊。於是想：是不是因爲自己太漂亮了招人嫉妒。的確，美貌會招人羨慕，但是並不是每個人都會嫉妒你。而是你的說話方式有問題。

漂亮的女孩子，從小到大總是受到別人的讚揚，如果有點小才氣更是人見人誇，所以，這樣的女孩子總是有些傲氣。雖然偶爾的驕傲沒有什麼大的影響，但是養成了傲氣的習慣，說話的時候總是拿腔拿調的，給人一副盛氣凌人的感覺，這就招人討厭了。

很簡單，誰也不喜歡在別人的「嘴巴下面」說話，看起來像是被教訓似的，所以這些漂亮的女孩子總是受到別人的「冷臉」。

有這樣一個小故事：

一個年輕人來到一個小鄉村，碰到一位老人，年輕人問道：「這裏如何？」

老人反問：「你家鄉如何？」

年輕人回答：「糟透了！我很討厭！」

老人家接著說：「那你快走，這裏同你的家鄉一樣糟！」

後來，這個小村莊又來了一個年輕人，並且問了同樣的問題，老人家也同樣反問他，年輕人說：「我的家鄉很好，我很想念家鄉的人、事物、以及花草魚鳥……」

老人說：「這裏也是同樣的好。」

有人覺得很奇怪，問老人爲什麼對相同的問題卻給了不同的答案呢？老人說：「你要尋找什麼？你就會找到什麼！」

我們看到本來兩個人說的是一樣的事情，但是態度好的那個人往往會收穫更多。而傲慢態度的那個，往往吃閉門羹。

所以，當你想與人很好地交談的時候，你就要拿出好交談的態度，而不是去教訓別人，要知道你想教訓別人，別人還想教訓你呢！

有的女孩子很聰明，能夠見人說人話，見鬼說鬼話。當然，這本身就是人情世故的一種，不過，對於年輕人來說，自己的所學和所知都是有限的。所以，那種見人說人話，見鬼說鬼話的說話態度並不可取。

當你閱歷尚淺的時候，你怎麼能確定對面像個老農打扮的人，竟然會是某位大企業的掌門人呢？當自己拿腔拿調地對人家說話時，也許人家正在心裏嘲笑你的年幼無知呢！

孔子說：「三人行，必有我師焉。擇其善者而從之，其不善者而改之！」年輕的你，與人說話最好的態度是帶著請教的口吻，這樣，別人才會告訴你想要知道的事情，即使人家不知道，也可能會提供你一些自己不會瞭解的資訊，讓你有所頓悟。

當然，你的事業也就更加順暢一些！

11
Chapter
有人脈 成功
就像坐電梯，
沒人脈 成功
就像爬樓梯

人脈決定你的「富貴命」

年輕的女孩子，如果你只有一個窮爸爸和一幫窮親戚，但是你還是想嫁得好，想有自己的事業，那麼，你就要知道，單憑自己的能力和智慧是遠遠還不能達到自己的願望的。此時，你需要一個扭轉命運的機會——從現在開始累積自己的「人脈存摺」。

青春有限，時間和精力更是有限，在這個競爭激烈的時代，年輕的你僅憑自己的那點資本，即使累死，也不會得到好命。但是聰明的女孩子知道，自己可以依靠別人的資本來實現目標。而依靠別人，首先就要擴大自己的人脈。

所以，我們看到，那些每天找朋友聊天的普通女孩子，可以出乎意料地很快走向成功。因爲她們知道，也許就是在自己參加的派對中，在新結交的一個朋友那裏，得到自己的富貴命。

一個人事業成功的二八法則是：百分之八十來自與人相處，百分之二十來自自己的專業技能。成功的人士告訴我們，你有多大的人脈，你就有多大的機遇，你就能成就多大的事情。不懂這個道理的女孩子，即使自己有聰明絕世的才華，終究也會被湮沒。

我們看到現實生活中總有一些女孩子很聰明，也很能幹，但總是遭到「封殺」。為什麼？因爲這些女孩子雖然自己的能力強於別人，但是總是藐視一些與人處世的規則。當然，這些女孩子最後總是看到一些不如自己的人被提拔上去，自己仍然在原處打轉。

很簡單，因爲這樣的女孩子，不能和人很好地合作，也不會去結交朋友。而現在的社會，沒有一件事可以靠一個人單打獨鬥來完成，所以，即使她們個人的業務再出色，也是被踢出局的對象。於是，在生活中就出現了這樣一群牢騷滿腹的「聰明女人」。

人脈就是我們的生存競爭力。我們活得好與不好，與人脈息息相關。是的，年輕的你可以依靠自己的專業找到一份合適的工作，但是，你以後的發展，專業就是次要的了。而人脈的強弱就成爲你以後成功的關鍵所在。一個人脈競爭力強的人，他的人脈資源比一般人要更深更廣。通過人脈，他可以得到最新的有用資訊，進而利用這些資訊，來讓自己升遷，或者讓自己取得財富。

也許你會說，難道我的個人能力就沒有用了嗎？其實很簡單，你能做的事情，別人一樣也可以做，並且比你做得好的也是大有人在。所以，往往我們會看到，在兩個工作技能同樣優秀，甚至其中一個更加優秀的人，卻敗給了另一個「關係深厚」的人身上。這就是人脈的作用，它可以讓你做到你永遠依靠自己不可能達到的事情。

人脈如此重要，我們什麼時候來經營自己的人脈呢？有這樣一句話，三十歲以前靠專業，三十歲以後靠人脈。這就說明，女人在三十歲之前，就要打理好自己的人脈基礎了。其實，你曾經的同窗，你現在的老師，甚至，你偶遇的路人甲乙丙丁，可能都會成爲你的人脈。

當然，對於你的人脈，你需要長期的關懷，因爲只有這樣，當你需要時，別人才能給你提供你需要的東西。

86 想成為什麼樣的人，就和什麼人在一起

一項研究表明：無論你在什麼地方，處於什麼階層，也不管你是什麼人種，什麼膚色，只要你經過四個人，你就可以遇到世界上的任何一個人。

也就是說，你和世界上的任何一個人之間只隔著四個人。並且，這個關係鏈中的第二個人竟然是你認識的人。

這個調查告訴我們，人際關係的廣大可以讓你看到整個世界。也許你會說，我不需要整個世界，只要成功就好。要知道，如果你可以看到整個世界，成功又算什麼呢？

當然，如果你缺少這種看到世界的「人」，那麼你的成功也就不見蹤影了。對於渴望成功的女孩子來說，有「人」，那麼你的成功就像是坐電梯，而沒有「人」，那麼你的成功就像爬樓梯。而這裏的「人」不是普通的人，指的是人脈。

像許多年輕人一樣，大學畢業的哈威·麥凱也開始找工作。雖然當時的大學畢業生並不像現在這樣「擁擠」，但是，找到一份自以爲最好的工作也是很艱難的。找工作的艱辛讓哈威·麥凱嘗到了苦頭。

不過，後來哈威·麥凱通過父親的人脈解決了自己的工作問題。他的父親是一名記者，認識很多政界和商界的重要人物。很多年前，哈威·麥凱的父親曾經幫助過一個叫做查理·沃德的人。而查理·沃德因爲這次幫助也一直對哈威·麥凱的父親心存感激，想報答他。

一次意外的機會，兩個人又見面了，查理·沃德問哈威·麥凱的父親是否有兒子。父親說自己有個兒子叫哈威·麥凱，剛大學畢業，正在找工作。查理·沃德說，可以讓他來找自己。

第二天，哈威·麥凱打電話到沃德辦公室，不過秘書沒有讓見面。不過，哈威·麥凱提了他父親的名字三次，最後終於和沃德通話了。

沃德讓哈威·麥凱次日上午十點直接到他的辦公室見面。次日，哈威·麥凱如約而至，兩個人談得很愉快，面試變成了聊天，沃德高興地談起哈威·麥凱的父親曾經對他的幫助。

談話後，查理·沃德決定讓哈威·麥凱直接到他的公司上班。閒逛了一個月的哈威·麥凱，頃刻間有了一份薪水和福利都很好的工作，並且工作環境也棒極了。

這個工作對於哈威·麥凱來說還是自己的一份事業。

四十二年後，哈威·麥凱成爲全美著名的信封公司——麥凱信封公司的老闆。而自己的成功根源則是在查理·沃德的品園信封公司中，熟悉了經營信封業的流程，懂得了操作模式，學會了推銷的技巧，積累了大量的人脈。

這些人脈也造就了哈威·麥凱的成功。哈威·麥凱說：「感謝沃德，是他給我的工作，是他創造了我的事業。」

其實，很多年輕人都已經注意到了人脈的重要作用。

一項面對創業者的調查問卷裏有這樣一個問題：「你在創業中遇到的最大問題是什麼？」調查發現，「人脈關係」僅次於「資金」，名列第二位。

所以，年輕的女孩子，如果你想自己的事業能夠做到「一帆風順」，那麼你就要建立起自己良好的人脈，這對於你來說，無論從哪個方面，你都會具有較大的優勢。

87 從今天開始，尋找生命中的貴人吧

如果你不知道自己到底是什麼樣，那麼看看你的朋友都是什麼樣子。在他們身上你會看到自己的影子，不僅你們的興趣愛好，生活習慣都很相似，甚至你的工資水準、家庭生活狀況也和他們相差無幾。如果你的朋友月薪在十萬元以上，你的薪水也很少會低於七八萬。

古人說：「物以類聚，人以群分。」指的就是如此。結交什麼樣的人，決定了你現在的生活處於什麼水準。

每個人都喜歡結交和自己類似的人，並且在交往過程中漸漸也會成為那樣的人。而當自己結交了不一樣的人，自己也會漸漸地向那些人靠近。

聰明的女人知道，自己要想有好日子，就要靠近有好日子的人，結識那些比自己更富有、更有學識、更聰明的人，在那裏，王子也才會更多。

88 貴人在哪裏？

有的女孩子總是抱怨，爲什麼她長得不漂亮，氣質也不好，但是卻認識那麼多有錢人？並且人家還對她都很好？甚至當大家忙著找工作的時候，她就被某公司的大老闆聘請當經理助理了。

許多人看到的都是別人的幸運，但是卻沒有看到在幸運的背後別人付出的艱辛。一個本身並不出眾的女孩子，往往在結交一些「上流人」時，要付出自己的努力，要知道自己本身就是「門不當，戶不對」的，自然不會簡簡單單就可以得到別人的認可，尤其是身分特殊的人物。

也許，你會說，我也在很努力地去結交一些很厲害的人物，但是很少有人會回應。難道自己非要用自己的「熱臉」貼人家的「冷屁股」？是的，難道一個可以讓我們得到「命運轉機」的人，不需要我們去放下所謂的「自尊」嗎？並且，如果你想得到一個有身分的人的認可，只有長期地堅持下去才會收到好的效果。

這是年輕的女孩子很難接受的，因爲這多讓自己害羞！用自己的「薄臉皮」去做這樣的事情，真是太難堪了。如果你有這樣的想法，那麼就不要羨慕別人的好運氣了。所謂「吃得苦中苦，方爲人上人」，這種苦不僅是學習中的苦，還有學習以外的苦。如果你想要結交貴人，就要長期堅持下去，不然，以前做的所有工作都以失敗而告終，當你投注的資本越多，中獎的可能性也就越大。這裏不僅是要積極主動，而是要非常地積極主動。

當然，在你去主動地「攀龍附鳳」的時候，還要注意一些方法：

其一，不要做旁觀者和局外人

沒有貴人會主動地來問你需不需要幫助，如果你是一個旁觀者的話，想必你永遠也得不到貴人的青睞。並且，能夠對你有所幫助的人不會總是出現，只有你經常身置身人脈之中，才有可能去認識你的貴人。

其二，發掘對方關心的事物

當然，想要結交你想認識的人，還是需要一定策略的。因爲這些人本身就像明星一樣受人關注，如果你想要成爲一個特殊的「追星者」，就要注意你想結交的人喜歡什麼，關心什麼，這樣你才有話題來和他進行攀談，才有機會得到他的認可。

其三，積極參與社交

當然，在我們認識「貴人」之前，身邊都是一些像自己一樣平庸的人，那麼，你需要去結交一些新的朋友，在新朋友之間去尋找你想去「攀附」的人。

其四，不要害怕挫折

任何一件可以讓自己成功的事情，都是不簡單的，難度也都是相當大的，所以，你需要把挫折當飯吃，即使自己屢戰屢敗，也要讓自己打起精神，愈戰愈勇。記住，不要怪別人冰冷，因爲自己的熱情還沒有讓對方感動。

89 「攀龍附鳳」——女孩的人脈必修課

蘇格拉底說，「真正高明的人，就是能夠借助別人的智慧，來使自己不受蒙蔽」。這就是貴人的力量。年輕的女孩子，在你成長的過程中應該有很多的人幫助過你，小的幫助可以讓你擺脫一時的危機，而大的幫助則可以讓你走向成功的人生。

也許現在你正處於人生的困頓時期，事業、愛情在你看來都是那麼不盡人意，爲什麼不去找一個貴人來幫助自己呢？要知道，也許只是他的一句話，或者幾個點撥，你就可以在事業和愛情上少走很多彎路。和貴人在一起，你就會明白什麼叫做站在巨人的肩膀上看問題。

銀行業是非常注重資歷和經驗的，所以在銀行中擔任要職的，往往是老成持重的人物。不過，有個年輕人卻只用了十年的時間就登上了「金字塔尖」，他的成功經歷引起了很多人的興趣。

有個作家想揭開這個謎底，去拜訪這個年輕的銀行家。他問這個銀行家：「很少有年紀這麼輕就能在銀行裏得到這麼高職位的人。你是憑藉什麼取得這樣優秀的成績的呢？」

「這需要花許多工夫並勇於奉獻，」年輕的銀行家解釋說，「但真正的秘訣是，我選擇了一位良師。」

「一位良師？」作家問。

年輕的銀行家說：「在我快要大學畢業的時候，有位退休的銀行家來給我們做講師。當時他已經七十多歲了。他的臨別贈言是：『如果你們有什麼需要我幫忙的地方，

儘管打電話給我。』聽起來好像他只是客套一番，但他的建議卻引起了我的興趣。我需要他給我一些建議，告訴我在我想踏入銀行業時該走哪一步才是正確的。但是，我又很怕碰釘子，畢竟他是個有錢而傑出的人，而我只不過是個將要畢業的學生而已。不過最後，我還是鼓起勇氣給他打了個電話。」

「結果呢？」

年輕的銀行家說：「出乎我的意料，這位銀行家非常友善，甚至邀請我與他見面談談。我去了，得到他的許多意見。他還給我一些非常好的指導，比如告訴我應該選擇在哪家銀行做事，告訴我如何將自己推薦給別人而獲得一份工作。他甚至提議：『如果你需要我的話，我可以當你的指導老師。』」

「後來我的指導老師和我有著非常良好的關係。」銀行家說，「我每週打電話給他，而且每個月至少在一起吃頓午餐。雖然，他從來沒有出面幫我解決問題，但是他讓我明白了一些解決銀行問題的方法。」

這位老師就是這位年輕銀行家的「貴人」。正是因爲這位銀行家老師的幫助，才造就了年輕人事業上的成功。貴人可以一下子打開我們機遇的天窗，讓我們撥雲見日，豁然開朗，直接進入成功的行列和境界。其實，貴人相助，有時候並不是非要給我們介紹什麼工作，讓我們有哪些機會去做一些事情，他們擁有的經驗和知識，就可以讓我們從

「麻雀」變成「鳳凰」。

年輕的女孩子，如果你還沒有意識到這個問題的話，那就從今天開始去尋找你生命中的貴人吧！你的運氣就會因爲貴人的出現而好轉！

對朋友，你沒必要一視同仁

小文因爲長得漂亮、性格好，樂觀大方，所以朋友很多，其中，有兩個朋友和自己關係很好，但是這兩個人卻是一對冤家，見面時，兩人從來沒有給過對方好臉色看。當小文和其中一個人在一起的時候，就要小心翼翼地不去提到另一個人，否則本來兩個人很開心地聊天，馬上氣氛就變差了。小文覺得自己夾在中間很難辦，但是總想不出可以讓兩個人和好的方法。

你也許也遇到過這樣的事情。因爲你個性很好，性格開朗，所以認識的人很多，自然朋友也就很多。但是，朋友多了的時候，你就會發現，其中總會有幾個觀點和行事互相抵觸，當然他們也不認同對方，甚至會抨擊對方。無論你在中間怎麼當和事佬，但

仍是原來的狀況，當事人有時候也會告訴你：「如果你和這類人在一起，那麼咱們就算了」，遇到這樣的事情，誰都會焦頭爛額。

想過沒有，爲什麼你會因爲朋友這樣煩惱呢？很簡單，你沒有把朋友進行「量化」，你也不知道自己應該去交什麼樣的朋友，什麼樣的朋友需要「肝膽相照」，什麼樣的朋友只是「點水之交」。既然這兩種人的行事和作風那麼不同，他們自然也是兩類人，你需要知道的是自己更傾向哪類人，哪類人才算是你的「貴人」。否則，你只能在這兩類人中徘徊不定。也許你想，既然是朋友，都應該是「大碗喝酒，大塊吃肉」，但是你要知道，對待朋友，你沒有必要一視同仁，也不可能做到一視同仁。

人際關係大師喬吉拉德說，每個人都有兩百五十位朋友，他們分別出現在兩種場合，其一是你的婚禮，其二是你的喪禮。不過，在這些朋友中，有百分之八十對你毫無幫助，只有百分之二十的朋友才會給你正面的影響，另外有百分之五的朋友則會幫助你，重則改變你的一生！而這百分之五的朋友就是你的貴人。

所以，你對朋友們不該一視同仁，你也沒有必要因爲朋友之間的不同而煩惱，你應該知道自己的取向是哪一方，這樣你就知道自己應該如何對待不同價值取向的朋友了。「想減肥就不要和胖子在一起」，想成爲成功的人，就不要和無所事事的閒人在一起。你想讓自己變成什麼樣的人，就要努力和這樣的人在一起，也只有他們才能幫助你成爲這樣的人。關於哪些人值得交朋友，哪些人不值得交朋友，如何給你的朋友劃分「等級」，孔子的「益損三友」可以給你一點啓示。

孔子說：「益者三友，損者三友。友直，友諒，友多聞，益矣。友便辟，友善柔，友便，損矣。」孔子告訴我們，在朋友中，只有那些心地正直、誠信體諒、見多識廣的人才是你的益友，而那些善於奉承、表面和善、花言巧語的人則是你的損友，對你的生活起不到什麼作用，反而還會讓你成爲和他們一樣的「小人」。孔子還說「無友不如己者」，告訴我們，交朋友要結交比自己強的朋友，只有這樣，我們才會在個人修養和事業上有所成長。所以，從現在開始，年輕的女孩子，你需要把你百分之八十的時間花在可以給你重大影響一生的朋友身上，而不是去做一些無謂的調停。

91 先讓自己成為受歡迎的女孩

受歡迎的女孩子，不是因爲她長得如何漂亮，也不是因爲她有過人的智力，當然，更不是她對於所有的男人都「灑下甘露」。一個受歡迎的女孩子可以在任何地方平庸，但是，唯有一點不能平庸，那就是懂得製造生活的情趣。

生活本身就是瑣屑的集合，沒有整天的花花草草襯托下的浪漫，也沒有整日笙歌豔舞的享受，生活本身是平淡無奇的。但是在一個懂得生活情趣的女孩子那裏，無論多麼無聊的生活，都是充滿樂趣的，而她的這種樂趣也會感染身邊的人，讓別人也快樂起來。

而這些懂得生活情趣的女孩子大概可以分爲四種，一種是似酒的女人，一種是似水的女人，一種是似火的女人，一種是似茶的女人。

似酒的女人歷久彌香，喝上一口會讓你從內而外地溫暖，但是喝多了卻會讓你嘔吐倒胃，吐盡膽汁和苦水。似酒的女人都有很大內涵和魅力，也因爲如此，這樣的女人才會有讓你「酒不醉人人自醉」的感受；

似水的女人，舉止輕盈，寧靜內斂。在她們身上有取之不盡、用之不竭的溫柔，因此，這樣的女人會讓你有「其華若水，豐盈美滿」的感受！似火的女人，熱情奔放，即使你一無所有，她們也會對你說：「我愛你！毫無條件！」

似茶的女人，是所有女人中最有味道的一種，閒時品茶，悠然自得；忙時喝茶，清醒解乏。所以，這樣的女人既可以入得廳堂，還可以上得廚房。這樣的女人，像茶一樣，愈品愈香，並且會在不知不覺中形成一種「茶癮」，並且還會怡然自樂！

女人本身就是一種情趣，而這樣有情趣的女孩子也往往會有好人緣，讓人愛護有加，而她們遇到事情也總是有人來助陣。那麼你怎樣成爲一個有情趣、有好人緣的女孩子呢？

一個有情趣的女孩子，會懂得生活中的細節，即使一頓飯，她也會讓你吃得聲色俱佳，當然，這不是說她的廚藝很好，而是她會選擇一個適當的時間，適當的地點，自然，人也是適當的（這裏指這個人不會很忙，同時也不會很煩惱）。當天時地利人和在一起時，情趣也就出了大半。而女孩本身的打扮也是情趣的一部分，佳人美景自然會讓人舒心了。當然，有情趣不是刻意裝出來的，一個再貧窮的女孩子也是有情趣的，一盆小花，一個染色的腳指甲，甚至一個生動的表情，都是情趣的體現。

而這樣的女孩子很少會有強烈的疑心病，也不會在背後對人指指點點、說三道四。她們寬容大度，有時又會刁鑽可愛，她們不會因爲自己有錢就目中無人，因爲她們知道，只有情趣共享才會有情趣的價值，所以，那些有情趣的女孩子，總會有很多的好朋友，她們可以一起大笑玩耍；總會與同事的關係很好。她們可以三言兩語就讓朋友破涕而笑。

她們知道別人有困難絕不會強人所難，即使朋友身上有難以克服的缺點，但是她們

也會包容朋友的缺點，真誠地理解他。

她們會說善意的謊言，但是待人卻是真誠的，因此，她們不會違心虛僞地吹捧朋友，也不會因爲爭風吃醋而詬人弊病，揭人傷疤！另外，她們也不會過河拆橋、言而無信，也不會拘小節，貪小便宜。

正因爲這些，所以，人們才會喜歡她們，才會真心實意地幫助她們！也因此，白馬王子才會受到她們的吸引，由欣賞她們到愛上她們！

92 擴大人脈圈，你的處境就會得以改變

許多女孩子都很內向，不喜歡一些社交場合，也不喜歡和陌生人說話聊天。如果她們被迫參加了一個社交場合，在這個場合中，自己認識的人很少，偶爾有一兩個認識的人，但是她們忙碌得不可開交，一會兒飛到這裏，一會兒飛到那裏，自己根本搭不上什麼話，於是，這些女孩子待在那裏就感覺自己如坐針氈，不過半個鐘頭就有回家的打算了。

當然，也會有一些人來和她們攀談，但是她們總是給人家冷臉，人家問一句，自己才會答一句，搞得別人也覺得十分掃興。她們最討厭的是大家在一起嘰嘰喳喳說個沒完，在她們看來，這些都是毫無意義的閒話。

這樣的女孩子會有幾個很好的朋友，一般都和她們性格很相似，討厭陌生人，討厭一些宴會和交際，在她們看來，做這些事情，還不如自己在家看個電影有意思。自然，這些女孩子的男性朋友也很少，並且也是那種比較內向的男孩子，他們事業不是很好，但是卻很憤世嫉俗。而這樣的女孩子在工作中，也是那種默默無聞的，業績不會很差，但是也絕不會突出，甚至她們會有些害怕自己突出，被提升到自己不適合的地方，因爲她們害怕自己做不了。

你是不是這樣的女孩子呢？你有時候會很討厭那些長得不好，但是卻愛出風頭的女孩子，因爲在你看來，她們沒有什麼本事，唯一的本事就是「拍馬屁」，所以，她們被老闆提拔，你覺得老闆眼睛有問題；她們找到優秀帥氣的男朋友，你覺得那個男生心理有問題。

但是，真的是這樣嗎？其實，這是典型的「吃不到葡萄說葡萄酸」的心理。而這種心理產生的根源，則是你狹窄的人脈圈，因爲你認識的人都像你一樣不是很優秀，甚至和你一樣氣質都很相似。和這樣的朋友在一起，你的話題是自己如何被不公平對待，因

爲那個被提升的女孩子並不比你的業績好多少。

當然，你更抱怨的是老天不公平，抱怨自己總是處在一個這樣毫無起色的處境裏。爲什麼不去主動地改變自己的處境呢？去認識一些積極向上、勇於進取的新朋友，在她們身上虛心地請教一下自己如何去擴大自己的社交圈，如何去結交自己的貴人。當然，這裏的請教並不是說非要去問人家，你只要看一個優秀的女孩子在社交場合怎樣大方地去展示自己，你就可以得到啓示了。

93 讓你的人脈「熱鬧」起來

俗語說「三個女人一台戲」，說的是女人和女人在一起就會熱鬧起來。而女人也正因爲這種人脈關係，才會讓她們的生活更加充實和幸福！女人的人脈圈雖然和男性的不大一樣，但是也有著雙重的「圈子」，因爲現在的女性並不都是家庭主婦，只知道話家常。更多的女人和男人一樣，在塑造自我、肯定自我、提升自我、表現自我中，打造自己的「雙重圈子」。

利益圈。女人同樣知道金錢的重要性，這個對於她們來說，是與愛情不相上下的東西，受到特別的關注。在利益圈中的女人會像男人一樣奔波，很多事情就算女人不習慣，不喜歡，但是還是要做的。這裏的女人很少有小女人的一面，她們精明幹練，像一個女強人一樣讓對手心服口服。在這個圈子中，女人是疲乏的、戰鬥的。

朋友圈。這是幾個女人一起唱戲的地方。在這裏，女人可以得到很好的喘息。女人會和好友約好週末做美容，在邊聊天時，邊保養自己的身體和心理；女人還會和自己的朋友逛街購物，獲得大批的戰利品；女人還會和「狐朋狗友」一起開車去野外郊遊，幾個人一起享受自然帶來的美好。在這個圈子中，女人是輕鬆、快樂的！

也許你要問，那麼我們該怎樣打理自己的這兩個圈子呢？

❀不要總是做一個接受者

在社交中，接受只是一方面，但是如果你總是成為別人的接受者，不去主動聯繫別人，幫助別人，那麼，你始終是交際圈中的邊緣人物，只要別人忽視了你，忘記了你，不去聯繫你，那麼你就很快地被踢出交際圈。

所以，不要總是做別人的接受者，適當的時候自己去主動地聯繫一下別人，幫助一下別人，比如朋友生日、孩子滿月等等。朋友生日、周年慶祝，這些你都要記住去主動地聯繫人家，不要等著別人對你說：「我生日了，這周準備大家聚一聚！」這時，你再想起給人家準備禮品，那就晚了。爲什麼不早早地計畫好呢？

出席一些必要、重要的場合

一些重要的場合對於你擴大自己的社交圈有很大的幫助，比如，升職派對或者同事的婚禮，在這裏你會遇到許多新舊朋友。你可以和老朋友敘舊，還可以結識新朋友，這對於你的交際圈擴大很有好處。

制訂自己的時間表

沒有計劃就沒有準備，所以，合理安排你的時間對於交際也很有必要。並且這不會讓你因爲忙碌而錯過朋友生日、升遷、結婚等重要場合。如果你是一個健忘的人，更要爲自己準備一份時間備忘錄了，不久，你就會發現，你的人緣會變得很好。

選擇你的核心人物

你的網路中總要有幾個重量級的人物，這些人包括你的家庭成員、朋友或者工作夥伴，這些人要可靠、親密，值得信賴，並且對於你的發展也很重要。

當然，無論什麼網總會有破洞的地方，女孩子千萬不要因爲雞毛蒜皮的小事和自己的朋友反目成敵。遇到漏洞，你也需要及時補住，不要讓這個漏洞變大，這只能讓你的人際關係越來越壞。因爲一個人背後，又有著十個人，而十個人背後，又是十個人，所以，不到萬不得已，不要讓漏洞持續下去。

12
Chapter
二十幾歲女孩
一定要明白的
幸福真諦

女孩的幸福與什麼有關

二十歲女孩子對幸福的概念是什麼？是電視劇中的浪漫奢華？還是大街上的毫宅名車？年輕的女孩們，知道什麼是你想要的幸福嗎？

幸福說起來很簡單，但是施行起來卻很難，有時不是因爲我們沒有錢，也不是因爲我們沒有愛情，但是我們總是因爲一些抓不到邊際的東西而痛苦，也許正是在這個痛苦之中，我們才會看到生活中幸福的一點曙光。

有這樣一個女孩，她很小就喜歡蛋殼和臉譜，喜歡在蛋殼上畫臉譜。不過，她並沒有走進戲曲這一行，而是成了一個廣告公司的文案。

在上班之餘，她就開始忙碌自己的這些小愛好，人們笑話她傻，既不能賺錢，又浪費時間，何必呢？但是她不這樣想，在她看來，每個蛋殼都因爲她設計的臉譜而生動起來。有時候，她會把自己的作品帶到街上賣，在街上就這樣做自己的東西，並且樂在其中。一天也可以賣出幾件作品，她就把這些錢作爲自己的愛好經費。「也許有一天，我會因爲這個發財，但是沒有發財，我也很快樂！」她這樣對別人說。

女人的幸福其實很簡單。

年輕的女孩子因爲幸福而猶豫，是因爲她們沒有認識到什麼是幸福，而是總在痛苦中徘徊，那些深刻的對人生的批判，那些社會上的醜陋現象，那些雞毛蒜皮的小計較，都讓她們分心。所以，她們以爲擺脫這種生活，擺脫身邊的人，即擺脫了痛苦和不幸，其實不是的。

還記得王爾德的那個叫做《快樂王子》的童話嗎？

痛苦本身就是幸福的參照，沒有酸，你怎麼知道什麼是甜。當然，這不是說，我們爲了知道幸福就要去體驗痛苦，生活本來就是五味俱全的，不需要你刻意這樣做。所以，不要以爲王子並不知道灰姑娘的痛苦，也不要以爲富人的生活就是幸福的。

在生活中，年輕本身就是女孩子的幸福。你擁有的夢想，你身邊的知心朋友，你走在灑滿陽光的路上，都是你的幸福！

總的來說，女孩子心中對幸福的渴望就是幸福的源泉了。因爲有了它，你才可以去追求你想要的一切幸福！

快樂可以靠幻想，幸福卻要靠實際

「快樂可以依靠幻想，幸福卻要依靠實際。」這是法國劇作家尚福爾的一句名言。

小時候的我們是富於幻想的，即使一個虛擬的遊戲扮家家酒也可以讓我們快樂無比。不過，當一個小女孩長大了，幻想的成分就少了。

因爲長大的女孩知道這個世界是現實的，現實中有許多不盡人意，相應的，這些不如意也就帶來了快樂的減少。

並且，在現實中，我們還需要去努力，去奮鬥，去流淚，所以，許多女孩子也就漸漸希望從現實中逃避。

現實中不能帶給自己愛情，那麼電視劇中有浪漫的愛情故事；現實中需要拼搏，但是在電視劇中，自己不經過拼搏就可以找到一份「拼搏之後」的快樂。你幻想著自己也可以像偶像劇中的醜小鴨一樣變成氣質美女，可以有一份不錯的愛情，有很好的工作，有一個美滿的結局。

但是，年輕的女孩子，這些都有意義嗎？這種快樂只是暫時的，並且還會麻痹你年輕的鬥志，使你沉淪。

無論年輕的你多麼喜歡做夢，無論夢幻中的東西多麼美好，那終究是一場夢。如果你真的想讓自己的快樂長久地保持下來，那就靠自己的實際行動！

在那裏，你會感受快樂是那麼真實，即使當自己很疲乏的時候，也會很真實地微笑，是的，這就是幸福了，生活中實際帶給你的幸福感。

幸福和幻想的快樂是不同的。幸福是用心來體驗的。是的，幸福很簡單。哪怕一點生活的小事可能都會讓你的心顫動。

週六女兒休息，女兒一般放假很少回家，大概因爲是代溝的原因，在家說不上兩句就覺得十分無聊了。不過，這次女兒沒走，因爲父親決定趁下午整理一下自己的字畫。因爲家裏只有兩個老人，弄起來很不方便。

吃過午飯，全家就出動，陽光很好，整個家裏突然開始覺得很溫馨。一家人都有一種生活的滿足感，大概這樣在一起的日子太少了。

父親挑選自己鍾愛的字畫，並開始絮絮叨叨地講著這些字畫的來歷。女兒和母親一邊傳遞、擺放，一邊傾聽。

在收拾字畫的時候，忽然翻出了很久以前女兒小學的一幅畫，上面畫著一個小孩子在種花。紅花綠葉，還有兩隻蝴蝶，父親一下子掉進了很久以前的回憶。

女兒看了，笑了，因爲這幅畫畫得不好，父親還幫了不少忙，在一旁聽候女兒的使喚。

就這樣的一個下午，一家人突然又從以前走了一遍，不知道爲什麼，原來不願意回家的女兒突然覺得自己擁有的幸福那麼多！

幸福如何去定義呢？它不像幻想的快樂那樣，是從不實際的想像中來的，而是一種現實。

是一種現實中，用心感受的一種抽象東西。也許就是睏了的時候，在男朋友肩上的一個偎依，不需要多麼寬厚，只要依靠上去就是一種暖洋洋的感覺。

也許，就是媽媽做的家常菜，雖然比不上山珍海味，但是卻帶著親情的餘香，吃起來就是幸福！

年輕的女孩子，也許你一直在追逐什麼是自己的幸福。其實，在你抬頭看向遠方的時候，你不妨看看自己的身邊，那些觸手可及的東西，也許正是你幸福的源泉，也是你前進的動力！

不要羨慕別人，適合自己的才是真幸福

當身邊的一個個姐妹們都走向了自己的婚姻生活，是不是你也心動了呢？很久沒有見面的大學同學打電話過來，告訴你她已經榮升爲經理，你是不是也心動了呢？雖然你心動了，但是在你心底，你還是接受不了自己真的成爲誰的新娘，或者成爲一個高薪的「白骨精」。你開始猶豫，「到底我該怎麼做」？

每個人都有每個人的生活，也許你現在並不想去結婚，只是看到別人夫妻親親密密，覺得也是不錯的生活。也許現在你並不覺得自己的工作不好，但是，看到別人高薪名車的生活，華麗光鮮也是一種獨特的體驗。既然如此，那就好好地過自己的生活吧，因爲你的生活才是適合你的，你也才能從其中感受幸福。

有這樣一個小故事，講一個商人和一個涼茶店主。

在沒遇到涼茶店主之前商人過得很開心，每天去開車談生意，雖然忙碌，但充實富足。涼茶店主此時過得也很開心，安靜清貧，與世無爭。

不過，當兩個人遇到對方之後，就開始羨慕對方的生活了。

一次，商人談完生意後，開著名車回家，無意中發現了一個涼茶店。

商人有些好奇，就走進了涼茶店，當時涼茶店內沒有客人，只有店主一人趴在桌子上打瞌睡。

客人來了，涼茶店主也就醒來了。因爲沒有別人，所以兩個人就開始聊天。

商人講自己在城裏燈紅酒綠的日子，快樂地賺錢，快樂地花錢。他感覺很快樂，覺得真正的人生就應該這樣。涼茶店主聽著，覺得商人的生活很吸引人。涼茶店主說自己這麼多年來，從來沒有大富大貴，不過生活過得安寧快樂。因爲不與人爭利，所以也就沒有利益的煩擾。

商人聽了涼茶店主的話，覺得涼茶店主這樣的日子很好。雖然自己有錢，但是卻沒有涼茶店主的愜意自在，並且自己的時間幾乎都不屬於自己，實在太可悲了。

此時涼茶店主也想，自己每天守著這個清淡的涼茶店，不但沒賺到錢，還浪費了自己的時間。兩個人都感覺上帝的不公，於是都跑去找上帝理論。

「那麼，你們覺得怎樣才算公平呢？」上帝問。

「我想過他那種生活！」商人和涼茶店主幾乎同時說。

「這很容易，我給你們換一下！」

於是涼茶店主變成了商人，每天去和不同的合作夥伴談生意喝酒。商人則坐在了悠開的涼茶店裏。

但是，剛過了兩天，兩個人又跑到上帝那裏了。商人說，他實在受不了涼茶店裏的無聲無息，涼茶店主說，他受不了虛情假意和酒精氣味。上帝說，其實你們在各自的位置上生活得好好的，但是卻看上了別人的生活。

其實，每個人都有自己的生活，現在的你可能是單身，但是你一樣過得很快樂。爲什麼非要嚮往別人的婚姻呢？如果你覺得自己實在不適合單身，那麼你當然可以選擇結婚作爲自己的生活。但是，如果你只是覺得別人的生活也不錯，那就不必急著結婚了。你要知道，只有適合自己的生活才是幸福的，同樣，對於別的事情也是如此。

97 用好奇心啟動你想要的生活

新出生的小女孩看不到一米外的東西，她的世界就那麼一點點。但是，當她在一歲左右站起來時，她的眼界一下子變得廣大了，在天生巨大好奇心的驅使下，她開始去急切地認識、探索和瞭解周圍的世界。

這時的小女孩不管見到什麼新奇的東西，第一反應就是放到嘴裏嘗嘗。或者把東西使勁地扔在地上，看看會有什麼聲音，會發生什麼變化。嘗試完了這個，她還會尋找下一個目標。

剛會走路的小女孩特別喜歡自己走路，因爲她走得越多越遠，發現的新的東西也就越多，世界也就越大，同時，她的好奇心也因爲見到不同的世界而增強，去靠自己的力量嘗試一切新奇的東西。

但是，當小女孩長大了，她可能再也沒有原來那麼強烈的好奇心了。她開始不喜歡動，不喜歡去看外面的世界，安靜、文雅成爲她的修飾語。

也許你會說，這樣的女孩子才是成熟的，真的是這樣嗎？不是的，一個女孩好奇心的喪失並不是代表一個人的成熟，而是生命的老化，因爲她已經看不到世界中新奇的東西，感受不到以後人生的精彩。對於個體生命來說，也就出現了心理上的「未老先衰」。

所以，年輕的你不要以爲你看懂了這個世界，不要以爲你已經懂得了人生是什麼，生活是什麼。年輕的你，生命只是剛剛起航，你沒有看懂的還有很多，而這些都需要你去探索。

也許，因爲曾經的好奇心，你已經害怕了探索，因爲你經歷了太多的探索失敗，所以不敢再用自己的好奇心去嘗試生活。要知道，只有用你新出生的眼光去看世界，這樣世界才是充滿無限美好和魅力的。要知道失敗和受傷只是過去式罷了，難道我們要因爲自己的受傷，就掩蓋自己的眼睛嗎？那麼，生活還有什麼意義呢？

女孩們，現在帶著你曾經的眼光去看世界，用你的好奇來激發生活的動力，去創造你想要的生活和世界。保持自己生命的新鮮，不要讓成長、習慣、世故來扼殺你對生活的本能嚮往，和對生活的無限渴望！

掃地的時候掃地，睡覺的時候睡覺

一個學禪的弟子問他的老師：「師父，什麼是禪？」

師父回答道：「掃地的時候掃地，吃飯的時候吃飯，睡覺的時候睡覺。」

弟子說：「師父，這太簡單了。」

「沒錯。」師父說，「可是很少有人做得到。」

是的，人的一生中有太多的追求，因爲這些追求，我們開始忙碌奔波，開始忘記了路邊的風景，忘記了生活中的快樂和幸福。我們就像追日的夸父一樣，追逐那些永遠追不上的東西，並爲了它們浪費了我們一生的美好時光。

也許你會說，生命正是因爲這些追求才顯得很有意義。但是，你要知道生命並不等於追求。

如果你的追求永遠讓你疲倦地奔跑，甚至沒有自己一點享受生活的時間，那麼，你的追求也就失去了最初的意義。你只是一個疲倦的奔跑者而已，不會享受生活帶給你的一絲快樂！

也許，今天晚上你的夢裏是一個王子來迎娶你。於是，第二天早晨，你忘記了自己應該回家看望很久沒見的爸爸媽媽。你開始計畫自己應該怎樣去找到一個白馬王子。你開始爲自己身邊沒有一個白馬王子而傷心鬱悶。其實，也許正在你爲之計畫的時候，你的爸媽已經給你找到了一位條件很好的王子，只是你今天沒有回家。所以錯過了你的王子，錯過了你現在的幸福。

有的女孩本身就浸泡在幸福的蜜罐裏，卻總是追問自己的幸福在哪？其實，只要她們睜開眼睛看看自己的身邊就可以找到幸福了。戀愛的時候享受自己的愛情，工作的時候享受工作的激情，踏踏實實地去過自己的每一天。這都是幸福。如果每天只是被一些無所謂的幻想擋住幸福的視線，用我們的一生去實現那些幻想，到最後只能剩下蹉跎嗟嘆，這樣的人生不是太可悲了嗎？

也許，你很忙碌，你的時間被排得滿滿的，但是你並不會因爲這些忙碌而感到自己的充實，因爲你的心根本沒有在這些事情上面。

和你見面的人是你不喜歡的，你做的事情是你不喜歡的，你的行程看起來都是自己的，但是你從來沒有去喜歡它們，感受它們。

因爲它們讓你疲乏，讓你失去了自己。爲了生活奔波，你一點激情都沒有，更多的是痳木、困乏。

心底裏總有一個巨大的空洞，你知道這是心靈浮躁帶來的。爲什麼不靜下心來想一想，到底是什麼讓自己變成了這樣徒有虛名的追求者？

開始去感受一下自己的生活吧，即使自己吃一頓早餐，送女兒去上學，幫老公整理衣服，這些不都是很美好的事情嗎？爲什麼非要盲目地讓時光的手拉著不停地轉啊轉呢？

生活本應該在你的手中，你只有真實地握住它才會體會出快樂和幸福。生活是需要用心來感受的，時間也是自己去支配的，很多的簡單和快樂也就在自己的身邊。

99 隨時清空生命中的負擔

女孩子在一生之中，會有很多欲望，比如，愛情、金錢、地位、名譽……有些追求是我們生活的必需，但是有些對我們來說，卻毫無意義。而那些多餘的追求，除了可以滿足我們暫時的虛榮，毫無他用，但是如果過度追求，這些東西還會成爲我們的負擔，壓垮我們的身心。

洛克菲勒出生在一個貧寒之家，但是憑藉自己的聰明才智以及對金錢的執著，財富很快成了他的囊中之物。大量的金錢激起了他對金錢更大的欲望。當一個人成爲欲望的奴隸，自己也就喪失了價値，不論身心。因爲對金錢的操勞過度，他的身體變得很差，醫生告訴他，以他現在的身體狀況，他只能活到五十歲，並建議他改變自己的生活狀態，他必須在金錢和生命中選擇其一。

醫生的話讓這位石油大亨開始反省自己的金錢欲望，最後他選擇了生命。

放下金錢欲望的他，退休回家後，開始學打高爾夫球，看喜劇電影。後來，他開始捐獻自己的財富，並在其中找到了自己的快樂。以後，我們知道了後半生的洛克菲勒成爲一個樂善好施的人，愛好運動，身體健康。一九三七年，在他九十八歲高齡的時候，走完了自己的一生。

那麼，年輕的女孩，你認識自己的追求了嗎？是不是你經常爲自己的愛情、爲自己的金錢，爲自己的地位而煩惱？其實一個懂得幸福的女孩，首先要懂得的就是放下欲望的包袱，減去一些不必要的煩惱，身心自然也就健康起來了。人生本來就應該是刪繁就簡的，我們應該拒絕沒有必要的干擾，一個簡單的人生，往往也就是得到了快樂和幸福的人生。

一個旅行人知道，他的包袱不能太多，因爲太多的包袱會羈絆他的腳步。人生也是一個旅行，一個人有了太多的欲望，自然也會走得不遠。一個懂得幸福的女人，她會善於丟棄自己不需要的垃圾，雖然它們曾經對自己的意義很大。她們知道自己要不要放棄一段沒有必要的感情，要不要去走不必要的崎嶇的路。她們知道自己的生命是有限的，她們需要清空生命中的負擔，讓自己來承擔更重要的事情。

女孩子，看看你的身上是不是有了太多的欲望，是不是它們讓你的心疲憊不堪。如果是，那就適當地放下一些，再好的東西，如果對身體有害也是垃圾，所以，不要因爲擔心刪除它們而痛心不已！

100 每個女孩都會擁有幸福

《青鳥》是莫里斯．梅特林克寫的一個童話。童話裏講了兩個追尋幸福的兄妹。他們走到了過去，走到了未來，但是都沒有抓到那個被稱爲幸福象徵的青鳥，但是當他們回到現在，回到他們很久的小屋中，他們才發現，原來青鳥就在他們身邊。

其實幸福並不那麼難找，幸福就在我們身邊。「大多數人從生到死，始終沒有享受過就在他們身邊的幸福」，因爲他們忽視了現在。

有一個小男孩曾經告訴上帝自己有個夢想：

他希望自己長大後住在一個大房子裏，門前有兩尊聖伯納德的雕像，後門有花園。要娶一個賢慧而美麗的女子爲妻，她的性情溫和，黑黑的長髮，藍眼睛，會彈吉他，有清亮的嗓音。要有三個健壯的男孩，大家可以一起踢球。

上帝說：「希望你的夢想能夠實現。」

但是一天，男孩給磕壞了膝蓋。所以，就只能捨棄登山、爬樹，航海。但是他學了商業經營管理，而後經營醫療設備。

後來，他娶了一位溫柔美麗的女孩，黑黑長長的頭髮，但她卻不高，眼睛是褐色的。她不會彈吉他，不會唱歌，不過菜做得很好，畫得一手好畫。

因爲要照顧生意，他住在市中心，看不到藍藍的大海，卻可以看到閃爍的燈光。

他有三個美麗的女兒，坐在輪椅中的小女兒是最可愛的一個。她們雖不能陪父親踢球，但有時她們會一起去公園玩飛盤，而小女兒就坐在旁邊的樹下彈吉他，唱著動聽的歌曲。

他過著富足、舒適的生活。

一天早上醒來，他記起了多年前自己的夢想，他覺得現在的這一切都是上帝同他開的玩笑。

最後，他因爲悲傷得病，住進了醫院。

他對上帝說：「還記得我是個小男孩時，對你講述的夢想嗎？」

「你已經實現了！」上帝說，「只是我想讓你驚喜一下，給了一些你沒有想到的東西：一位溫柔美麗的妻子，一份好工作，一處舒適的住所，三個可愛的女兒——這是個最佳的組合。」

「是的，」他打斷了上帝的話，「但我以爲你會把我真正希望得到的東西給我。」

Chapter 12

「我也希望你會把我真正希望得到的東西給我。」上帝說。

「你希望得到什麼？」他從沒想到上帝也會希望得到東西。

「我希望你能因為我給你的東西而快樂。」上帝說。

他在黑暗中靜想了一夜。

他決定要有一個新的夢想，他要讓自己夢想的東西恰恰就是他已擁有的東西。

每個女孩子都擁有幸福，也許這些幸福並不像自己夢想的那樣。現在，也許你沒有富貴有錢的爸爸，但是你有一位愛你、能夠滿足你生活的爸爸；也許你沒有一個帥氣的男朋友，但你卻有一個體貼照顧你的男朋友；也許你沒有美麗的臉龐，但是你卻有不錯的個性，並且結識了很多朋友。

而這些都是你現在擁有的幸福，因為有了這些，你才可以讓自己快樂地去奮鬥，去拼搏，贏得更美好的東西。

有人說，如果你因為錯過了太陽而傷心，那麼，你還會錯過夜晚的繁星。為什麼要做這樣的人，其實，夜晚的繁星不一樣很漂亮嗎？

下一站：幸福——女孩的必修12堂課

作者：吳靜雅
出版者：風雲時代出版股份有限公司
出版所：風雲時代出版股份有限公司
地址：105台北市民生東路五段178號7樓之3
風雲書網：http://www.eastbooks.com.tw
官方部落格：http://eastbooks.pixnet.net/blog
Facebook：http://www.facebook.com/h7560949
信箱：h7560949@ms15.hinet.net
郵撥帳號：12043291
服務專線：(02)27560949
傳真專線：(02)27653799
執行主編：朱墨菲
美術編輯：吳宗潔
法律顧問：永然法律事務所 李永然律師
北辰著作權事務所 蕭雄淋律師
版權授權：劉樂土

初版換封：2016年7月
ISBN：978-986-352-358-1

總經銷：成信文化事業股份有限公司
地　址：新北市新店區中正路四維巷二弄2號4樓
電　話：(02)2219-2080

行政院新聞局局版台業字第3595號 營利事業統一編號22759935

國家圖書館出版品預行編目資料

下一站：幸福—女孩的必修12堂課／吳靜雅著.
-- 初版. 臺北市：風雲時代，2016.6 -- 面；公分

ISBN 978-986-352-358-1（平裝）

1. 生活指導 2. 女性

177.2　　105007833

原價：280元
限量特惠價：199元